Weg mit Ballast

endlich frei

neue Energie

Freiräume

Was im Leben ist wirklich wichtig, und was ist nur Ballast? – Werfen Sie alles Unnötige über Bord. Das setzt ungeahnte Energien frei für das, was im Leben wirklich zählt.

Kick den Ballast raus!

Zeigen Sie Zeitfressern die Zähne!

Eine Schneise durch den Alltagsmüll

Verjagen Sie Energievampire!

Kick den Ballast raus!

Computergenie und Multimilliardär Bill Gates antwortet auf die Frage nach seinem Erfolgsgeheimnis ganz einfach: »Ich konzentriere mich auf das Wesentliche.« Klug gesagt – doch schwer zu schaffen. Denn der tägliche Lebenskampf hat Sie (und mich) perfekt im Griff.

RETTE SICH, WER KANN ...

Früher Morgen, der Wecker klingelt. Noch sind die Augen schwer vom Schlaf, schon ist der Job im Kopf: Werde ich heute alle Termine bewältigen? Schnell einen Kaffee runterschütten und auf in den Kampf! In den Kampf um Erfolg, Anerkennung, Karriere.

Info-Overkill im Kopf

Während Sie per Festnetz telefonieren, schrillt das Handy. Überquellende Mailboxen, voll gestopfte Schubladen, kreatives Chaos auf Ihrem Schreibtisch, ein prallvoller Terminkalender: Sie sind voll im Sog der Info-Gesellschaft, zwölf Stunden pro Tag.
Nie genug Zeit, um endlich sagen zu können: Für diese Woche habe ich es definitiv geschafft. Nein, weiter geht's: Samstagvormittag rasch einkaufen, dann ins Fitness-Studio. Sie wollen schließlich mithalten im Wettbewerb der Attraktiven, Erfolgreichen. Und tun Ihr Möglichstes, um die ersten Fältchen zu retuschieren, die sanft mahnen: Die Lebenszeit ist nicht unendlich bemessen …

Und dazu noch das Wohlstandsgerümpel

Wenn Sie endlich mal daheim die Beine hochlegen, dann tun Sie das in Ihrer geschmackvoll eingerichteten Wohnung. Zugegeben: Da hat sich einiges angesammelt, das seinen Zweck längst erfüllt hat. Bücher, die Sie aus Zeitmangel nur anlesen. Oder CDs, die Sie eigentlich nicht mehr hören. Kleider, die Sie nie anziehen. Brauchen Sie all das? Was davon lieben Sie wirklich, worauf könnten Sie gut verzichten? Der materielle Überfluss vernebelt nur noch Ihren Blick.

Lächeln adieu

Irgendwann verschwindet das Lächeln von Ihrem Gesicht. Denn: Sie funktionieren perfekt, Sie sind erfolgreich, Sie haben alles – außer Ruhe, außer Gelassenheit, außer Glück. Plötzlich erscheint Ihnen das ganze Leben als Ballast, der Sie runterzieht. Und ein Traum nimmt Gestalt an: Wie wäre es eigentlich, sich von alldem zu trennen? Info-Ballast abzuwerfen? Sich von unnötigem Wohlstandsgerümpel zu befreien?

Das Ende der Ballast-Society

Nach einer Untersuchung des Hamburger Zukunftsinstituts von Matthias Horx haben sich 50 Prozent der US-Bürger in den letzten Jahren gegen eine weitere Karriere entschieden. Für mehr Einfachheit, für Familie und echte Freunde, für privates Glück. Amerikanische Zeitschriften wie »Real Life« oder »Simplicity« boomen. Sie sind die Speerspitze einer neuen Bewegung. Ihre Botschaft: Einfach leichter leben. Ballast abwerfen. Mit Leichtigkeit glücklich sein. – Das können Sie auch. Vereinfachen Sie Ihr Leben. Sie müssen es nur tun. Jetzt.

DAS SISYPHUS-SYNDROM

Sie war die Königin der Laufstege. Von Millionen Frauen beneidet, von Millionen Männern begehrt: Kate Moss. Wenn sie über die Catwalks stolzierte, schien sie das große Glückslos gezogen zu haben. Sie jettete von Mailand über Paris nach Tokio, hetzte vom Fotoshooting zur nächsten Show und von da zur Glamour-Party. Dann kam der Zusammenbruch: Zu viele Termine, zu viele Gläser Champagner, ständiger innerer und äußerer Druck hatten sie in den psychischen und physischen Ruin getrieben. Heute hat sie ihre innere Balance wieder gefunden – nach monatelanger psychiatrischer Behandlung in einer Klinik.

Lächeln Sie nur für die Kamera? Wenn Ihnen gesellschaftliche Verpflichtungen über den Kopf wachsen, sollten Sie rechtzeitig die Notbremse ziehen.

Viele von uns stehen in ähnlicher Weise auf der Kippe – ohne sich das einzugestehen. Denn wenn eine ständige Infoflut den Kopf überquellen lässt, wenn Termine den Pulsschlag dauernd nach oben treiben, das Karussell des Nichterledigten sich immer schneller dreht: Dann ist irgendwann Schluss.

Rackern wie der Sagenheld

Ärzte haben für diesen Erschöpfungszustand einen neuen Begriff geprägt: »Sisyphus-Syndrom«. Benannt nach dem griechischen Sagenheld Sisyphus. Der wurde von den Göttern dazu verdonnert, einen Felsbrocken immer wieder den Berg hinaufzurollen. Wenn der Fels fast oben war, gewann die Schwerkraft die Oberhand – und der Felsbrocken rollte an seinen Ausgangspunkt zurück. Der arme Sisyphus muss seine sprichwörtlich gewordene Sisyphusarbeit bis in alle Ewigkeit fortsetzen.
Hand aufs Herz: Erkennen Sie sich nicht ein wenig wieder im armen Sisyphus? Tragen Sie nicht auch oft schwer an Ihren Lasten?

Die Warnzeichen

Die gute Nachricht: Ein Zusammenbruch kündigt sich an. Nehmen Sie also die Warnzeichen ernst, die der gestresste Körper und der überstrapazierte Geist Ihnen schicken. Dazu gehören:

Reizbarkeit

Schon bei kleineren Konflikten sehen Sie rot oder rasten völlig aus. Auch in Ihrer Beziehung sind Sie häufig gereizt und agieren unkontrolliert.

Stress-Essen

Sie widmen lukullischen Genüssen keine große Aufmerksamkeit mehr. Schlingen die Mahlzeiten oft am Computer runter. Achten wenig auf Ihr Gewicht, setzen Speck an.

Magenprobleme

Der Dauerstress erhöht die Säureproduktion des Magens. Folgen sind Völlegefühl, Magendrücken, saures Aufstoßen, Sodbrennen.

Zähneknirschen

Unter Dauerdruck beißen viele Menschen unbewusst ständig die Zähne zusammen. Vor allem nachts knirschen sie heftig mit den Zähnen. Effekt: Der Zahnschmelz bekommt Risse, im Laufe der Zeit werden die Zähne regelrecht abgehobelt.

Nackenkrämpfe

Sie spüren die innere Anspannung oft zuerst im Nacken. Die hinteren Halsmuskeln spannen sich an: Der Zeitdruck sitzt Ihnen eben im Nacken. Eine Folge kann Spannungskopfschmerz sein.

Immunschwäche

Häufig erkältet, ständig schwächelnd? Auch daran kann Dauerstress schuld sein. Er erleichtert es Erregern, Ihre Immunabwehr zu überwinden. Deshalb neigen Sie zu Infekten, wenn der Terminkalender wieder aus allen Nähten platzt.

Libidomangel

Wer den Kopf voll hat, dessen Sexleben liegt oft lahm. Denn der Körper produziert dann mehr Stresshormone und deutlich weniger Geschlechtshormone. Bei Männern unter Zeit- und Erfolgsdruck kommen zur Un-Lust noch Potenzprobleme hinzu. (Angeblich sind Porschefahrer die schlechtesten Liebhaber.)

IHR WEG INS GLÜCK

So entkommen Sie der Sisyphus-Falle:

- **Der erste Schritt:** Sagen Sie bedingungslos **»Ja!« zu Ihrem Ballast-weg-Projekt.** Geben Sie sich das Versprechen: Ab sofort räume ich inneren und äußeren Müll konsequent aus meinem Leben (Seite 9).
- **Zweiter Schritt:** Bekommen Sie Ihre kostbare **Lebenszeit in den Griff!** Zeigen Sie Zeitfressern die Zähne (ab Seite 12)!
- **Drittens:** Werfen Sie auch äußeren Ballast aus Ihrem Lebens-Raum, denn Gerümpel blockiert Sie (ab Seite 22).
- **Und viertens:** Entlarven Sie Energievampire und werden Sie Ihr eigener Manager (ab Seite 28)!

Dann spüren Sie die **Leichtigkeit des Seins** und erfahren: Glück ist ganz einfach.

TEST: Sind Sie ein Sisyphus-Kandidat?

Beantworten Sie die Fragen auf dieser Seite bitte ehrlich und selbstkritisch. Der Test kann Ihnen einen guten Anhaltspunkt dafür geben, ob Sie gefährdet sind, unter Ihren Lasten zusammenzubrechen.

Kommt es vor, dass Sie sich auf die Arbeit stürzen und dann gar nichts zustande kriegen – der Kopf ist wie leer gefegt? □ Ja □ Nein

Nehmen Sie sich regelmäßig Arbeit mit ins Wochenende, in den Urlaub, ja sogar mit ins Bett? □ Ja □ Nein

Arbeiten Sie mehr als 40 Stunden pro Woche? □ Ja □ Nein

Ist Ihr Job das, wovon Sie am liebsten sprechen, auch mit Freunden oder Ihrem Partner? □ Ja □ Nein

Machen Sie sich Sorgen um die Zukunft, neigen Sie zum Schwarzsehen? □ Ja □ Nein

Werden Sie ungeduldig oder gereizt, wenn jemand außer Arbeit noch andere Dinge wichtig nimmt? □ Ja □ Nein

Unterschätzen Sie den Zeitbedarf von Projekten und hetzen Sie von einem Termin zum nächsten? □ Ja □ Nein

Übernehmen Sie im Büro zusätzliche Jobs, weil Sie fürchten, sonst werde die Arbeit nicht ordentlich genug erledigt? □ Ja □ Nein

Haben Ihr Partner, Ihre Familie, Ihre Freunde es aufgegeben, Sie pünktlich zu erwarten? □ Ja □ Nein

Arbeiten Sie auch während Ihrer Mahlzeiten? □ Ja □ Nein

Reagieren Sie gereizt, wenn jemand Sie bittet, Ihre momentane Tätigkeit zu unterbrechen? □ Ja □ Nein

Mischen Sie sich immer wieder in die Dinge anderer ein, auch wenn die Sie eigentlich gar nichts angehen? □ Ja □ Nein

Sieht es auf Ihrem Schreibtisch meist chaotisch aus? □ Ja □ Nein

Horten Sie in Ihrer Wohnung Dinge, die Sie eigentlich nicht benutzen und vermutlich auch in Zukunft nicht brauchen werden? □ Ja □ Nein

Sind Sie häufig der Letzte im Büro? □ Ja □ Nein

Haben Sie inzwischen keine Hobbys mehr, bei denen Sie rundum abschalten können? □ Ja □ Nein

Würden Sie eigentlich gern länger, mehr, vor allem aber erholsamer schlafen? □ Ja □ Nein

Finden Sie kaum Zeit für einen Urlaub oder eine längere Erholung? □ Ja □ Nein

Trinken Sie oftmals einige Gläser Bier oder Wein, um überhaupt abschalten zu können? □ Ja □ Nein

Haben Sie das Gefühl, nie fertig zu werden? □ Ja □ Nein

Wenn Sie mehr als drei Fragen mit »Ja« beantwortet haben, sind Sie ein klassischer Kandidat für das Sisyphus-Syndrom.

SAG »JAAA«!

Was ist das Entscheidende, wenn Sie erfolgreich den Mount Everest besteigen wollen? Optimales Training, perfekte Ausrüstung, erklären die Profi-Bergsteiger. Der erste Schritt, meinen die Philosophen. Stimmt alles. Entscheidend aber ist Ihr bedingungsloses »Jaaa!«. Ein Versprechen, das Sie sich selbst geben und um jeden Preis einlösen. Das braucht auch Ihr Ballast-weg-Projekt. Nur wenn Sie dem Ziel, von jetzt an einfacher, klarer, befreiter zu leben, höchste Priorität einräumen, werden Sie es schaffen.

Wollen Sie aufbrechen zu neuen Ufern? Dann werfen Sie störenden Ballast über Bord und richten Ihren Blick in die Zukunft.

Kleines Ritual: Die fünf Jas zum neuen Leben

Setzen Sie sich ganz bequem hin, finden Sie einige Minuten lang innere Ruhe. Dann stellen Sie sich genau vor, wie Ihr Leben aussehen wird, wenn Sie lustvoll inneren und äußeren Ballast abgeworfen haben. Spüren Sie intensiv, wie frei, leicht und klar Sie sich fühlen werden.

Dann sagen Sie laut und deutlich zu sich selbst:

1. Ja, ich will klarer und einfacher leben.
2. Ja, ich will das Wesentliche von nur scheinbar Wichtigem unterscheiden.
3. Ja, ich will Zeitfressern die Zähne zeigen.
4. Ja, ich will das Gerümpel aus meinem Leben werfen.
5. Ja, ich will Energievampiren die Stirn bieten.

Damit tun Sie etwas ganz Entscheidendes: Sie schicken Ihrem Unterbewusstsein eine klare Botschaft.

Traumreise: Lassen Sie los … aber was?!

Unser Unterbewusstsein weiß sehr genau, was wir zum Glücklichsein brauchen. Oft eröffnet es sich uns nur im Traum. Aber auch in Tagträumen und in intensiven Fantasien finden wir Zugang zu dieser inneren Weisheit.

Für Kinder sind Lebensträume selbstverständlich: Sie wollen König oder Prinzessin werden, Schauspieler, Tänzerin … Als Jugendlicher peilt man ein erfülltes und spannendes Leben an. Im Erwachsenenalltag bleibt leider oft nicht viel von den alten Träumen. Pflicht und Routine vertreiben sie in die hinterste Ecke unserer Seele. Aber das müssen Sie nicht hinnehmen – denn Tagträume weisen Ihnen (oft sehr deutlich) Ihre individuellen Lebensziele. Wenn Sie sich entscheiden, in Ihrem Leben Ballast abzuwerfen, können Ihnen daher Traumreisen den Weg zeigen, der für Sie der richtige ist.

Die Macht der Fantasie

Machen Sie eine kleine Übung: Setzen Sie sich in einen ruhigen Raum. Sorgen Sie dafür, dass Sie durch nichts gestört werden können. Kein Telefon, keine Klingel. Schließen Sie die Augen, atmen Sie tief und ruhig und entspannen Sie sich.

Der Millionen-Coup

Stellen Sie sich vor, Sie seien plötzlich reich. Vielleicht eine Erbschaft, ein Lottogewinn. Wie sähen die nächsten Tage aus? Würden Sie sofort aufhören zu arbeiten? Oder würde Sie dann bald die Langeweile einholen? Wo würden Sie weitermachen wie bisher? Was würde sich in Ihrem Privatleben ändern? Würden Sie häufiger Einladungen geben? Würden Sie sich ganz neue Freundes- und Bekanntenkreise erschließen?

Sultanspalast

Sie sind Sultan eines riesigen, prachtvollen Reiches geworden. Viele Menschen bitten um Audienz. Als allmächtiger Herrscher können Sie sich aussuchen, wen Sie vorlassen und wen nicht. Sie entscheiden völlig selbstherrlich und ohne Begründung, wer vorsprechen darf, wie lange, wer mit Ihnen am Festmahl teilnimmt, wer draußen warten muss. Und wer nie Zutritt zum Palast erhält. Wem würden Sie Audienz gewähren? Danach wissen Sie besser, welche Menschen Ihnen wirklich am Herzen liegen.

Robinson Crusoe

Nicht mehr sehr originell, aber aussagekräftig: Stellen Sie sich vor, Sie müssten ein Jahr lang auf einer einsamen Insel leben. Welche Dinge würden Sie unbedingt mitnehmen? Was würden Sie vermissen? Auf welche Dinge, auf welche Situationen und Personen könnten Sie gut und gern verzichten? Wovon würden Sie sich geradezu befreit fühlen?

Luxusreise

Sie gewinnen eine sechswöchige Weltreise mit jedem erdenklichen Luxus. Sie reisen mit unbeschränktem Gepäck und den Menschen Ihrer Wahl. Was befände sich unbedingt in Ihren Koffern? Wer dürfte Sie begleiten, wer würde vergeblich darum betteln? Welche Orte würden Sie ansteuern, welche Gefühle würden Sie dort suchen: New York mit seinem pulsierenden Leben? Einen sonnigen Traumstrand mit dem Salzgeruch des Ozeans? Ein tibetanisches Kloster mit seiner überwältigenden Stille?

Und dann ziehen Sie aus Ihren Fantasiereisen die Konsequenz. Bauen Sie nach und nach Ihr Leben so um, als hätten Sie die Fantasie-Situationen bereits erreicht. Denn jetzt spüren Sie viel deutlicher, was Ihnen wichtig und was nur Ballast ist.

Ballast-weg-Basics

SCHWAMM DRÜBER

Richten Sie Ihren Blick in die Zukunft! Über Schnee von gestern zu grübeln bringt Sie nicht weiter. Wenn Sie wieder mal wegen alter Fehler oder Zurückweisungen hadern, dann sagen Sie innerlich laut »Stopp!« und richten Ihre Aufmerksamkeit bewusst auf das, was jetzt gerade wichtig ist.

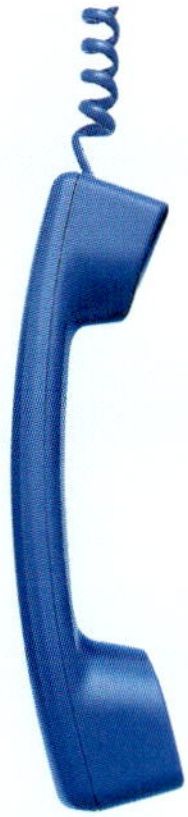

AUSMISTEN

Nicht nur die speckige Jeans. Auch für Freunde, die keine mehr sind, haben Sie keinen Platz. Vereinbaren Sie eine Sendepause und prüfen Sie, ob Ihnen ohne sie wirklich etwas fehlt. Wenn nicht, kappen Sie die Leine. Das ist hart, aber ehrlich.

STAUB WISCHEN

Nicht nur in der Wohnung, sondern indem Sie verstaubte Gewohnheiten ablegen. Laufen Sie am Morgen durch den Park, steigen Sie erst an der Haltestelle danach in die U-Bahn.

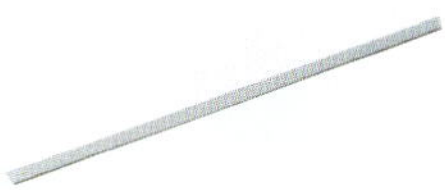

FENSTER PUTZEN

Verschaffen Sie sich Durchblick. Putzen Sie die Fenster Ihrer Wohnung, lassen Sie Licht und Sonne hinein. Das tut auch der Seele gut, denn der Körper schüttet unter Lichteinfluss das Glückshormon Serotonin aus.

DIE FÜNFER-LISTE

Machen Sie einen Plan fürs nächste Halbjahr. Entscheiden Sie sich für genau fünf Ziele, die Sie in dieser Zeit erreichen wollen.

Zeigen Sie Zeitfressern die Zähne!

Wir gehen mit ihr um, als gäbe es sie im Überfluss. Dabei ist sie in Wahrheit knapp bemessen und unendlich kostbar – unsere Lebenszeit. Deshalb: Lernen Sie, Zeiträuber auszuschalten. Und Sie gewinnen etwas sehr Wertvolles: Lebenszeit – Zeit fürs Glück.

ENTLARVEN SIE DIE LEBENSZEIT-DIEBE!

Hetze am Morgen, Stress im Büro. Und das tagaus, tagein. Wer ist eigentlich schuld an der täglichen Zeitverschwendung?

Quasselstrippen ...

Sie überfallen arglose Mitmenschen auf dem Flur. Ganz Dreiste setzen sich einfach in Ihr Büro und beginnen ungefragt, alles Mögliche zu erzählen. Zeitdiebe. Quasselstrippen. Schnattertanten. Sie klauen Ihnen wertvolle Lebenszeit. Dem können Sie leicht einen Riegel vorschieben. Denn wer sagt eigentlich, dass Sie jederzeit für alle zu sprechen sind? Planen Sie täglich eine Audienzstunde ein, in der Sie dann auch unbedingt zu sprechen sind. Aber nur dann. Wenn jemand ungebeten auf Sie einredet – auch am Telefon –, sagen Sie ein lautes, deutliches »Stopp!«. Fallen Sie dem Zeitfresser ruhig ins Wort und sagen Sie höflich, aber deutlich: »Im Moment arbeite ich an etwas anderem. Aber ich habe um 15.00 Uhr Zeit für Sie.«

... und Selbstgebackenes

Damit ist allerdings nur ein Miniproblem gelöst. Denn der wichtigste (und gierigste) Zeitdieb sind Sie selbst.

Zeitdieb 1: Kreatives Chaos

Nicht nur das Durcheinander auf Ihrem Schreibtisch ist damit gemeint, sondern auch die innere Unordnung in Ihrem Tagesablauf. Wer sagt, ihm kämen im größten Chaos die besten Ideen, der lügt – meist sich selbst etwas vor. Nur wer den Tag und die Aufgaben strukturiert, kann sie lässig bewältigen.

Zeitdieb 2: Aufschieberitis

Der erfolgreichste Zeitfresser. Sogar der Schriftsteller und Nobelpreisträger Ernest Hemingway meinte, er könne nur unter Druck so richtig gut arbeiten. Viele von uns glauben das auch – und schieben die Dinge erst einmal vor sich her. Die Gründe dafür sind psychologisch vertrackt. Nur die Einsicht ist simpel: Aufschieben bringt nichts.

AUFSCHIEBERITIS – GRÜNDE & GEGENMITTEL

- **Trockenkost.** Die Aufgaben sind so trocken, dass nichts reizt, sie zu erledigen. Gegenmittel: Bündeln Sie solche Aufgaben. Dann haben Sie **hinterher mehr Zeit** für interessante Dinge.
- **Nervenqual.** Die Aufgabe nervt, ist unangenehm, fordert harte Entscheidungen. Gegenmittel: Packen Sie solche Aufgaben als Erstes an. Je weiter Sie kommen, desto schneller **verfliegt der Horror.** Zerlegen Sie einen komplizierten Job in kleine Schritte.

Behalten Sie Ihr Ziel stets im Auge! Es lohnt sich.

Die (noch so unangenehmen) Dinge lösen sich durch Aufschieben nämlich leider nicht in Luft auf.

Zeitdieb 3: Verzetteln

Sie wollen eigentlich ein neues Projekt planen. Vorher sehen Sie allerdings noch kurz durch die E-Mails, schauen noch rasch auf einen Smalltalk beim Kollegen herein, telefonieren noch ein wenig durch die Gegend … Der Vormittag ist hin. Dann wird wohl wieder eine Abendschicht fällig. Gegenstrategie: Erledigen Sie Nebensächliches in jeder Tageshälfte nur eine halbe Stunde lang. Danach widmen Sie sich wieder den wichtigen Tageszielen.

Zeitdieb 4: Die Perfektionismus-Falle

Sie wollen etwas (oder alles …) besonders gut machen. Sonst fangen Sie gar nicht erst an. Dahinter steckt auch ein gewisser eitler Narzissmus. Sie wollen für Ihre einzigartige Leistung gelobt, ja geliebt werden. Schöner Unsinn. Tun Sie die Dinge, die getan werden müssen, sofort. Auch wenn sie dann nicht perfekt sind.

Zeitdieb 5: Das Lastesel-Syndrom

Sie wollen ganz besonders viel schaffen. Sie packen sich den Tag so voll, dass alles gar nicht zu schaffen ist. Dann schwanken Sie zwischen der Euphorie, Grandioses zu leisten, und depressivem Ausgepowertsein. Beides Mist. Besser: Packen Sie den Tag nur zu 70 Prozent mit Aufgaben voll und planen Sie von vornherein 30 Prozent Reservezeit als Puffer für Unvorhergesehenes ein. Und dann legen Sie los.

Die richtige Strategie: So managen Sie sich selbst

Nur wer plant, gewinnt – kostbare Lebenszeit. Bereiten Sie deshalb jeden Tag systematisch vor. Und zwar nicht am Abend zu Hause (die Zeit gehört Ihnen, Ihren Freunden, Ihrer Familie), sondern noch kurz vor Dienstschluss im Büro.

Hitliste

Erstellen Sie eine Hitliste der To-Dos. Vergeben Sie Wichtigkeitsnoten von Eins bis Sechs. Arbeiten Sie pro Tag nur an *einer* Einser-Aufgabe. Die aber bringen Sie unbedingt zu Ende. Dann bleibt noch Zeit für ein paar Zweier- und Dreier-Jobs. Noch unwichtigere Dinge gehen Sie nur an, wenn Sie sonst Löcher in die Luft starren würden.

Formkurve

Arbeiten Sie nach Ihrer persönlichen Formkurve (siehe Kasten). Erledigen Sie in Ihren schwachen Stunden die Post und Routineaufgaben. Wenn Sie zwischendurch müde werden, dann machen Sie eben Pause. Dafür sind Sie in den Hellwach-Phasen umso schneller und leistungsstärker.

Gehen Sie durchs Ziel

Gewöhnen Sie sich an, immer durchs Ziel zu gehen – egal, wie nervig die Aufgabe auch ist. Bringen Sie zu Ende, was Sie angefangen haben – oder lassen Sie es lieber gleich sein. Denn wenn Sie stundenlang über etwas brüten und es dann unerledigt zurücklegen, war das reine Energie- und Zeitverschwendung.

Bündel schnüren

Bündeln Sie gleichartige Aufgaben. Erledigen Sie E-Mails, Telefonate, Post auf einen Schlag. Was Sie innerhalb der geplanten Frist nicht schaffen, kommt morgen dran.

Mail-Mauer

Errichten Sie eine Schutzmauer gegen die E-Mail-Flut. E-Mails gehen den ganzen Tag ein. Wenn Sie immer auf alle reagieren wollten, müssten Sie ganztägig Mail-Beantworter werden. Richten Sie sich ein fixes Zeitfenster fürs Beantworten ein.

Auszeit

Gönnen Sie sich alle drei Stunden mindestens eine Viertelstunde Auszeit. Genauso strikt wie die Arbeitszeiten planen Sie also Perioden, in denen Sie in Ruhe sitzen, nachdenken, sich selbst strukturieren. Wer darüber meckert, kann Sie mal. Kreuzweise.

NUTZEN SIE IHRE »MÜHELOS-PHASEN«!

Vieles wird Ihnen leichter fallen, wenn Sie es gemäß der **natürlichen Tagesformkurve** tun, die von der inneren Uhr gesteuert wird.

- **7–9 Uhr:** Warmlaufen. Dies ist die beste Zeit, die Aufgaben und Abläufe des Tages zu planen. Ihr **Geist ist bereits wach,** die Phase der Maximal-Power kommt aber noch.
- **10–12 Uhr:** High Noon. Jetzt sind Sie topfit. Die Ideen sprudeln, Herausforderungen meistern Sie spielerisch. Deshalb: Diskutieren Sie, fighten Sie für Ihre Ideen. Das fällt Ihnen jetzt leicht. Und Ihr Kurzzeitgedächtnis läuft **ganz easy auf Hochtouren.**
- **12–15 Uhr:** Kreativ-Pause, Nachmittagstief. Wer jetzt rackert, lädt sich damit unnötigen Ballast auf. Legen Sie Routinejobs in diese Zeit, beantworten Sie Mails. Und gönnen Sie sich zwanzig Minuten **Power-Schlaf im Büro** (wirkt Wunder).
- **Ab 15 Uhr:** Zweite Hoch-Zeit. Noch mal voll durchstarten. Denn ab drei steigt die Leistungskurve wieder.
- **Ab 19 Uhr:** Lust-Zeit. Tun Sie nur noch, wozu Sie **Lust haben.** Arbeiten Sie nur dann, wenn Ihnen danach ist. Ansonsten: relaxen, durchatmen, zu sich finden.

SAG EINFACH MAL »NEIN«!

Sagen Sie mal: »Wirtschaftsministerkandidatenauswahlkriterium«. Und jetzt: »Assistant-of-the-chairman-of-the-board«. Kein Problem für Sie, oder? Aber ein einziges Wort kommt Ihnen schwer über die Lippen. Das Wort »Nein«. Leider. Denn diese Unfähigkeit blockiert Sie, beschwert Sie, raubt Ihnen Lebensfreude und Chancen.
Wie angesichts der unverfrorenen Quasselstrippen. Oder wie am letzten Wochenende: Sie wollten in die Berge fahren, hatten den Rucksack schon gepackt, freuten sich königlich ... Bis Onkel Klaus anrief. Stimmt, er hatte Geburtstag. Kein runder, aber immerhin. Das Ende vom Lied: Sie packten den Rucksack wieder aus und verbrachten den Samstag mit der Familie ... Dabei wäre es so einfach gewesen. Sie hätten nur »Nein!« sagen müssen. Leichter gesagt als getan.

Good News: Man kann es lernen

Die gute Nachricht: Sie können es lernen, »Nein!« zu sagen. Denn es ist Ihr gutes Recht, Grenzen zu ziehen. Und zwar so:

Selbstüberwindung

Erst mal müssen Sie lernen, sich als konsequenten Menschen zu akzeptieren, der anderen auch mal Wünsche abschlägt. Machen Sie sich klar: Ja-Sager sind öde. Mit Menschen, die einem immer zustimmen, kann man nichts Prickelndes erleben. Machen Sie es sich zu einer (guten) Gewohnheit, zu widersprechen, wenn Sie anderer Meinung sind.

Situation analysieren

Sehen Sie mal genau hin: In welchen Situationen sagen Sie Ja und meinen Nein? Liegt es daran, dass Sie Menschen nicht verletzen wollen? Dann denken Sie daran: Nichts kränkt andere mehr als Unehrlichkeit.

Nein begründen

Gerade wenn Sie einem lieben Menschen eine Absage erteilen müssen, tut das weh. Deshalb: Begründen Sie Ihr Nein. Legen Sie Ihre Argumente dar. Wichtig: Nicht entschuldigen, nicht abschweifen, sachlich bleiben. Oft ist schon nach solch einem Gespräch alles okay.

Bedürfnisse sehen

Sehen Sie die Bedürfnisse des Bittstellers. Auch er hat seine Motive. Sagen Sie ihm das auch. Etwa so: »Ich verstehe deine Motive und Wünsche gut. Habe aber ebenso bitte Verständnis dafür, dass ich ... nicht will.«

Alternativen anbieten

Wenn Sie in die Berge fahren und Onkel Klaus nun grollt, dann bieten Sie ihm doch eine Alternative an. Sagen Sie zum Beispiel: Nicht an diesem Wochenende. Aber besuche mich doch mal am kommenden, dann haben wir viel mehr Zeit für uns allein.

Lernen Sie, klipp und klar Nein zu sagen! Und lassen Sie sich ja nicht auf längere Diskussionen ein!

Generalprobe

Proben Sie eine schwierige und wiederkehrende Situation, in der Sie sich mit einem »Nein!« durchsetzen wollen, vor dem Spiegel. Üben Sie so lange, bis Sie sicher sind, dass Sie mit fester Stimme, ohne Wenn und Aber, eine Attacke auf Ihre Lebenszeit oder Ihre Interessen abwehren können.

Danke sagen

Wenn Sie glücklich sind, dass Ihr Gegenüber Ihre Entscheidung akzeptiert, dann sagen Sie das auch. Damit werfen Sie erfolgreich einen dicken Ballen Ballast aus Ihrem Leben.

Was tun mit harten Nüssen?

Sehen Sie: Es ist kein allzu dramatischer Akt, konsequent »Nein« zu sagen. Doch es gibt Problemfälle. Ganz schwer zu knackende Nüsse. Wie den Vater, der Ihre Entscheidung für fünf Daddybesuch-freie Wochenenden zunächst zu akzeptieren scheint – und dann doch anruft, nörgelt, Schuldgefühle weckt ... Dann müssen Sie von langer Hand vorbereiten, wie Sie die Diskussion endgültig zu Ihren Gunsten entscheiden (und damit beenden). Dazu brauchen Sie:

1. Informationsvorsprung

Finden Sie heraus, ob es für die Weigerung des Gegenübers, Ihr Nein zu akzeptieren, Gründe gibt, die Sie nicht kennen. Fürchtet der Vater das Alleinsein? Dann fragen Sie andere Freunde, ob sie mit ihm eines der kommenden Wochenenden verbringen wollen – und überraschen Sie ihn damit. Oder Sie betonen Ihre eigene Zuverlässigkeit – und verbinden Ihr Nein für das Treffen zum Zeitpunkt X mit einem bindenden Ja für ein Treffen zum Zeitpunkt Y.

2. Emotionsvorsprung

Versetzen Sie sich in die Lage des sperrigen Kontrahenten und spüren sie: Steckt hinter der rigiden Weigerung, Ihren Standpunkt anzuerkennen, etwas ganz anderes? Das Gefühl, »überhaupt« zu wenig beachtet, vielleicht (beim Vater) sogar zu wenig geliebt zu werden? Dann sprechen Sie genau dieses Thema an. Damit holen Sie es aus der emotionalen Grauzone heraus, machen das eigentliche Problem (beiden) bewusst. Und dadurch eröffnet sich die Chance, dass Sie Ihren Standpunkt verteidigen können, ohne Ihr Gegenüber zu verletzen.

DIE TÄGLICHE ICH-ZEIT

Die Lebenszeit ist unendlich kostbar. Oft aber verschleudern wir sie, als hätten wir sie im Überfluss. Das wird jetzt anders: Gönnen Sie sich ab sofort – sofort! – jeden Tag eine Stunde ganz für sich allein. Diese Zeit gehört Ihnen. Sie ist wichtig, damit Sie inneren Ballast abwerfen, die Gedanken klären, die Gefühle ordnen können.

Traumreise mit Glücksgarantie

Buchen Sie in dieser Ich-Zeit eine Fantasiereise:

› Suchen Sie sich einen absolut ruhigen Ort in Ihrer Wohnung. Stöpseln Sie das Telefon aus, dämpfen Sie die Türklingel. Stellen Sie sicher, dass Sie nicht gestört werden.

› Setzen Sie sich bequem hin, entspannen Sie sich, lassen Sie Ihren Atem ruhig fließen.

› Und jetzt überlegen Sie: Wann waren Sie das letzte Mal rundum glücklich? So, dass Sie am liebsten laut gesungen hätten?

› In Ihrer Fantasie tauchen Sie nun tief hinein in diese Situation. Schließen Sie die Augen. Lassen Sie die Bilder der Erinnerung wie einen dreidimensionalen Film vor Ihrem geistigen Auge ablaufen – wie einen Farbfilm, in dem Sie auch Düfte und Berührungen wahrnehmen können.

› Erinnern Sie sich mit allen Sinnen. Wie hat die Luft gerochen: salzig nach Meeresbrise? Oder lag der Duft einer Waldlichtung in der Luft? Welche Bilder haben Sie gesehen: die Sonne, die langsam im Meer versank? Ihren Geliebten, ganz nah, im Abendlicht?
Dann passiert etwas Wunderbares: Das Gehirn stutzt einen Moment. Dann schaltet es automatisch auf »Glücklichsein«. Ihr Körper beginnt, Glücks-Endorphine und das Happy-Hormon Serotonin auszuschütten. Und plötzlich liegt ein Lächeln auf Ihrem Gesicht. Da ist es wieder: das Gefühl, Sie könnten singen vor Glück …

› Wenn Sie dieses wunderbare Gefühl in vollen Zügen genossen haben, kehren Sie zurück in den Alltag. Öffnen Sie die Augen, strecken Sie sich und sagen Sie laut: »So ist es gut.«

Zeit für Freunde

Dieser Zeitwunsch braucht Planung. Wer Freundschaften dem Zufall überlässt, ist bald einsam. Ein lebendiges Freunde-Netzwerk zu knüpfen verlangt systematische Arbeit.

› Befinden sich Freunde in Ihrem Adressbuch, von denen Sie ewig nichts gehört haben? Gewichten Sie: Wenn Ihrem Herzen daran liegt, dann rufen Sie dort an – sofort. Wenn nicht, löschen Sie Namen und Adresse.

› Haben Sie interessante, neue Menschen kennen gelernt? Dann nehmen Sie die Daten in Ihr Adressbuch auf.

Wie viel Zeit für wen?

Ein Tipp: Teilen Sie Ihre Freunde und Bekannten grob mit Noten danach ein, was Sie

Ihnen bedeuten. Danach richtet sich auch die Zeit, die Sie ihnen widmen.

› Note Eins: Die besten Freunde. Diese sollten Sie mindestens einmal wöchentlich zum Viertelstunden-Talk anrufen. Treffen Sie sich mit jedem guten Freund mindestens einmal monatlich auf (Minimum) zwei Stunden zum Plausch.

› Note Zwei für gute Bekannte. Mit ihnen sollten Sie zweimal im Monat zehn Minuten telefonieren, um den Kontakt nicht abkühlen zu lassen. Verabreden Sie sich unregelmäßig zu einem konkreten Ereignis (fürs Kino, zum Schwimmen, ins Konzert).

› Note Drei für Nervensägen, die meist nur über sich selbst reden. Und damit Kandidaten sind fürs »Ballast-raus«-Programm. Manchmal gibt es aber konkrete Gründe, mit ihnen in losem Kontakt zu bleiben. Ansonsten: Funkstille.

Ich-Zeit im Büro

Nehmen Sie sich täglich auch im Büro eine Viertelstunde für sich allein. Stellen Sie das Telefon um und hängen Sie einen Zettel an die Tür: »Bitte nicht stören!« Dann machen Sie folgende kurze Entspannungsübung.

5-MINUTEN-AKTION

ENTSPANNUNGSÜBUNG FÜRS BÜRO

› Stützen Sie die Ellenbogen auf den Tisch, die Hände vors Gesicht. Denken Sie an gar nichts (klappt anfangs nicht).

› Dann lassen Sie Ihre Gedanken zurückkehren – ohne sie zu zensieren. Sagen Sie vor sich hin: Meine Gedanken kommen und gehen. Sie sind nicht gut oder schlecht. Sie sind einfach da.

› Anschließend atmen Sie eine Minute bewusst. Konzentrieren Sie sich auf Ihre Atemzüge.

› In der restlichen Zeit hängen Sie einfach Ihren Gedanken, (Tag-)Träumen, Ideen nach.

› Am Ende Ihrer Ich-Zeit kehren Sie allmählich ins Alltagsgeschehen zurück. Stehen Sie auf, strecken Sie Arme und Beine, klatschen Sie in die Hände und sagen Sie laut: »Jetzt geht's weiter.«

FREIE BAHN ZUM ZIEL

Unter uns gibt's heimliche Geistesgiganten. Sie könnten Romane schreiben, Symphonien komponieren, Skulpturen formen oder Nobelpreise erringen. Wenn sie es nur täten. Ihr Problem: Sie kriegen einfach nichts gebacken. Drehen sich im Kreis, verzetteln sich mit Nichtigkeiten.

Stufenplan: Wege aus der Zeitfalle

Ihnen soll es nicht so ergehen? Prima. Dann fangen Sie gleich an. Tappen Sie nicht in die Zeitfalle. Machen Sie sich besser einen Plan:

1. Die Vision

Der erste Schritt: Entwickeln Sie Ihre individuelle Vision.

› Wenn die Märchenfee käme und Ihnen drei Wünsche gewährte – was würden Sie wählen? Alles steht Ihnen offen. Reichtum, Freundschaften, Ruhm … Diese Chance bekommen Sie nie wieder. Wählen Sie also klug. Es sind exakt drei Wünsche. Nicht vier. Nach Ihrer Feenwahl sehen Sie aber (hoffentlich) klarer, was Ihnen langfristig wirklich wichtig ist. Diese drei visionären Ziele müssen Sie ab sofort ganz energisch gegen jede Art von Zeiträuber verteidigen.

2. Der Jahresplan: Rückwärts in die Zielgerade

Der nächste Schritt: Machen Sie einen Jahresplan. Und zwar so:

› Setzen Sie die für Sie wichtigsten drei Ziele des kommenden Jahres fest – am besten natürlich Ziele, die Sie Ihren gerade gefundenen Visionen näher bringen. Zum Beispiel: Ich möchte meinen ersten Kriminalroman fertig haben, drei Kilo Übergewicht verloren und einen wirklich verlässlichen neuen Freund gewonnen haben.

› Dann planen Sie rückwärts. Sie setzen im Jahresplan das Datum fest, an dem Ihre großen Ziele realisiert sein sollen. Rechnen Sie zurück: In welchem Monat muss Schritt eins/zwei/drei abgeschlossen sein, damit Sie die Aufgaben auch tatsächlich schaffen?

› Die Zielsetzungen müssen realistisch und innerhalb des Jahres auch wirklich erreichbar sein. Wenn Sie in diesem Jahr Bundeskanzler werden, den Regenwald retten und Ihren ersten Nobelpreis bekommen wollen, brauchen Sie nicht zu planen. Wird nix.

3. Der Wochenplan schlägt die Brücke

Ganz wichtig: Von nun an sind Ihre Lebensziele (Feenwünsche) und die konkreten Schritte dahin (Jahresplan) für Sie absolut bindend und sogar wichtiger als das Tagesgeschäft. Verlieren Sie diese Ziele nie aus den Augen. Sonst sitzen Sie eines Tages völlig frustriert im Altersheim und jammern, dass Sie Ihre Lebensträume leider nicht verwirklicht haben.
Nun gibt es aber das Tagesgeschäft und den ständigen Fight um die Tagesinhalte. Bauen Sie eine Brücke zwischen den großen Zielen und dem Alltagskram: Mit dem Wochenplan verlieren Sie Ihre Visionen nicht so leicht aus den Augen.

› Legen Sie für die kommende Woche ein Hauptziel (unbedingt erreichen) und zwei Nebenziele (mit aller Kraft darauf hinarbeiten) fest. Etwa: das nächste Buchkapitel fertig schreiben, außerdem endlich Ihre alte Freundin Anja wieder treffen und sich im Fitness-Studio zum Training anmelden. Diese drei Ziele müssen Sie wieder energisch gegen alle verteidigen, die täglich an Ihnen zerren und Ihre Zeit fordern.

4. ... und nun die Tagesthemen

Damit sind wir beim ganz Alltäglich-Konkreten. Wie wird Ihr Tag heute wohl ablaufen? Das haben Sie (wenn auch nicht ganz allein) durchaus im Griff.

› Legen Sie für jeden Tag ein Hauptziel fest, an dem Sie mit Zähnen und Klauen festhalten. Das tun Sie heute, basta. Zwei Nebenziele erreichen Sie, wenn es möglich ist.

› Planen Sie Ihren Tag am Vorabend. Dann weiß Ihr Unterbewusstsein am nächsten Morgen schon, was heute angesagt ist, und stellt die inneren Weichen dafür.

› Legen Sie die Tagesziele immer schriftlich fest. Dann haben Sie schwarz auf weiß vor Augen, was für Sie (und nicht für andere!) wichtig ist.

› Schätzen Sie für jedes Ziel realistisch, wie lange Sie brauchen, um es zu erreichen. Machen Sie sich nichts vor. Und verplanen Sie nur 50 Prozent der Zeit. Der Rest ist Jokerzeit für den Alltagskram. Dem entkommen Sie ohnehin nicht, wetten?

ERFOLGS-KONTROLLE

Nehmen Sie sich absolut gewohnheitsmäßig **am Wochenende zwei Stunden Zeit,** um zu relaxen und dabei zu kontrollieren: Haben Sie Ihre Wochenziele eigentlich voll erreicht? **Kleiner psychologischer Effekt:** Da Ihr Unterbewusstsein weiß, dass es kontrolliert wird, geht es von vornherein mit den Zielen nicht lax um.

Eine Schneise durch den Alltagsmüll

Unsere Umgebung beeinflusst tief greifend unsere Lebenskraft. Nach der Lehre des Feng Shui staut sich in unaufgeräumten Räumen negative Energie, die die Initiative lähmt, Gedanken vernebelt, den Antrieb bremst. Aufräumen und Ausmisten ist deshalb ein wichtiger Schritt, um den Kopf zu befreien und neue Energie zu tanken.

WOHNUNG UND SEELE ENTLASTEN

Energie fließt, wo sie Raum findet. In einer voll gestopften Wohnung geht da gar nichts. Deshalb ist die erste und wichtigste Feng-Shui-Maßnahme das Entrümpeln. Tun Sie das wie zu alten Zeiten die Holzfäller.

Ran wie die Holzfäller!

Wenn früher die Männer in den Wald zogen, um Holz zu schlagen für Feuer und Hausbau, dann schlugen sie zuerst eine Schneise. Denn sonst hätten sie den Wald vor lauter Bäumen nicht gesehen. Genau so sollten Sie auch ans Entrümpeln herangehen.

Weniges perfekt tun

Fangen Sie ganz konkret an – wo, ist egal. Sagen Sie zu sich: Heute räume ich nur dieses eine Regal auf – das aber perfekt. Oder: Heute nehme ich mir mal die linke Hälfte des Kleiderschrankes vor. Die wird aber danach tadellos aufgeräumt sein. Und so geht's:

Die Kleeblatt-Methode

Räumen Sie das Objekt Ihrer Entrümpel-Begierde, etwa das Regal oder den Schrankanteil, komplett leer. Putzen Sie es blitzblank (das hebt auch die Laune, denn dann wird schon ein hübscher Erfolg sichtbar).
Legen Sie alle ausgeräumten Gegenstände auf den Boden und teilen Sie diese Dinge einem von drei Stapeln zu, die Sie um sich herum wie die Blätter eines Kleeblatts (daher der Name) anordnen.

1. Der »Daran hängt mein Herz«-Stapel

Auf diesen Stapel kommt alles, was Sie wirklich lieben oder dringend brauchen. Aber bitte kritisch sein.

WIND UND WASSER KLÄREN DEN GEIST

Feng Shui heißt wörtlich übersetzt »Wind und Wasser«. Im übertragenen Sinne steht Wind auch für **die universelle Lebensenergie.** Wasser bedeutet auch Fluss oder Weg. Feng Shui heißt demnach sinngemäß »Der Weg der Energie«, die Lehre, den Energiefluss zu gestalten. Denn überall – um uns und in uns – fließt Chi, die positive Lebensenergie. Nur wenn sie **ungehindert fließen** kann, sind wir glücklich, ausgeglichen, gesund. In einer harmonischen Umgebung fließt das Chi wie ein warmer Golfstrom. Sie haben sicher die Erfahrung gemacht, dass es Räume gibt, in denen Sie sich **wie neugeboren und befreit** fühlen. Feng Shui zielt darauf, die Umwelt so zu gestalten, dass Sie in einem optimalen Umfeld mit frei fließender Energie leben und sich entfalten können (Buchtipp Seite 46).

FREI-RÄUME FÜR DIE SEELE

Sinn des Ausmistens ist nicht nur eine aufgeräumte Wohnung. In einer Umgebung, in der das Chi frei fließt, soll ja auch Ihr Kopf von **neuen Ideen** durchflutet werden. Gestalten Sie also Räume für die Seele.

- **Die »Nur für mich«-Oase:** Sie brauchen unbedingt einen **Platz nur für sich allein.** Eine Kuschelecke, in der Sie in Ruhe Ihre Gedanken ordnen, Ihre Pläne schmieden. Ganz wichtig: Kerzenleuchter, in deren warmem Licht Ihre Seele neue Kraft findet.
- **Begegnungsstätte:** Jede Wohnung braucht eine **»Mitte« der Begegnung** und Kommunikation. Einen Ort, an dem Sie sich mit Freunden oder dem Partner treffen, zusammen reden, lachen, essen, trinken. Ideal wäre ein großer Tisch im Wohnzimmer, um den sich alle versammeln können.
- **Positiv-Galerie der schönen Erinnerungen:** Vergrößern Sie **die schönsten Fotos** jener Situationen, in denen Sie besonders glücklich waren. Hängen Sie diese Bilder auf. Das erinnert Sie in Krisenzeiten daran: Mensch, toll, was hatte (und habe) ich doch für ein reiches und spannendes Leben.
- **Frei-Raum pur:** Gestalten Sie ein Zimmer als **Raum der Besinnung** – auf das Wesentliche reduziert: Darin stehen nur ein bequemer Sessel, eine Stereoanlage, Kerzenleuchter, einige Pflanzen. Sonst nichts.

Eine gute Entscheidungshilfe sind drei Fragen: Haben Sie den betreffenden Gegenstand in den vergangenen drei Monaten einmal aus dem Regal genommen, sich daran gefreut? Haben Sie ihn in den vergangenen drei Monaten benutzt? Würden Sie ihn wirklich vermissen oder würde er Ihnen im täglichen Leben fehlen, wenn er verloren ginge? Wenn die Antwort Nein lautet: Ab damit in den Müllcontainer!
Wichtig: Entscheiden Sie sich bei jedem Gegenstand innerhalb von 30 Sekunden. Sonst sind Sie in einem Jahr noch beim Entrümpeln.

2. Der Müllcontainer

Hier landet sofort alles, was Sie nicht mehr brauchen und wovon Sie sich trennen können. Auch beschädigte Dinge, unvollständige Sets und Ähnliches kommen in die große Müllkiste oder in den Sack für Altlasten. Und da bleiben sie auch drin.

3. Das »Vielleicht«-Zwischenlager

Wenn Sie sich innerhalb der Frist von 30 Sekunden absolut nicht entscheiden können, dann sortieren Sie den Gegenstand in eine »Zwischenlager«-Kiste. Denn all dieser Krempel soll nicht weiterhin in Ihrer Wohnung rumstehen oder in den Schränken rumhängen. Diese Sachen kommen in der Kiste, die Sie beschriften und dann gut verschließen, in den Keller oder auf den Speicher. Wenn Sie sie nach drei Monaten nicht vermisst haben, wandert der ungeöffnete (!) Karton doch noch in den Container.

BALLASTFREIE ZONEN

Entrümpeln Sie konsequent Zimmer für Zimmer, und halten Sie sie weiter ballastfrei!

Wohnzimmer

Es ist das Herz der Wohnung. Gestalten Sie diesen Raum deshalb genau so, wie es Ihrem innersten Wesen entspricht. Das Wohnzimmer ist kein Ausstellungsraum für Tante Claras selbst gehäkelte Deckchen oder dergleichen. Keinesfalls darf der Fernseher (wie leider oft) im Zentrum stehen. Wenn dieser Kommunikationskiller im (inneren und äußeren) Mittelpunkt steht, ist es höchste Zeit, etwas an Ihrem Leben zu ändern.

Küche

Im »Bauch« der Wohnung geht es um Nahrung, Versorgtsein, Genuss, Lebensfreude. Ob rein funktionelles Kochzentrum oder Begegnungsstätte, immer gilt: Raus mit allem Überflüssigen! Ab in den Müll mit nutzlosen Gegenständen: Teller mit Sprung, Kannen ohne Deckel. Waffeleisen, wenn Sie keine Waffeln mehr backen.

Schlafzimmer

Hier suchen wir Ruhe und Erholung, daher sollte nichts an Hektik, Unangenehmes, Unerledigtes erinnern. Hometrainer, Bücherregale, Wäschekörbe haben hier genauso wenig verloren wie der Fernseher mit seiner Strahlung. Eigentlich muss es da nur ein gemütliches Bett geben – und Kerzenlicht.

Keller

Klar, irgendwo muss das Gerümpel ja hin. Nun spiegelt der Keller aber auch Ihr Unterbewusstsein. Wenn er von Unnötigem überquillt, dann schleppen Sie viel Unerledigtes mit sich herum. Besser: Unterziehen Sie auch den Keller mal wieder einer rigorosen Generalausmistung.

Dachboden

Der Speicher symbolisiert Ausblick und Zukunft. Deshalb: Werfen Sie alles, was Sie ein halbes Jahr nicht gebraucht haben, weg. Richten Sie stattdessen ein Kreativzimmer ein – das Dachgeschoss ist optimal, weil der weite Blick die Kreativität beflügelt.

Auch in Ihrer Wohnung heißt die Devise: Ballast raus!

DEN SCHREIBTISCH VOM CHAOS BEFREIEN

So könnte er aussehen: aufgeräumt, appetitlich, mit wenigen sinnvollen Accessoires, ein Ort der Gedanken-Power. Doch so sieht er meist aus: Stapel von Schriftstücken, Akten, Unerledigtem, dazu Schnickschnack aller Art, überall gelbe Post-it-Zettel. Und Sie selbst davor wie ein Müllkutscher im Kreativstress. Muss aber nicht sein.

Die »Vierblättriges Kleeblatt«-Methode

Als Erste Hilfe für Schreibtische, die von Kreativmüll überquellen, können Sie wieder zur Kleeblatt-Methode greifen. Nur: Diesmal handelt es sich nicht um ein drei-, sondern ein vierblättriges Kleeblatt.
Wichtigstes Requisit: ein voluminöser Papierkorb, um alles Überflüssige sofort entsorgen zu können.
Stellen Sie neben Ihren überquellenden Schreibtisch einen zweiten Tisch, auf dem die Kleeblatt-Stapel Platz finden. (Notfalls können Sie sie auch einfach auf den Fußboden legen.) Dann arbeiten Sie sich von Stapel zu Stapel (im Uhrzeigersinn) durch das Chaos und ordnen die Unterlagen den einzelnen »Kleeblättern« zu.

1. »Brauch ich wirklich noch«

Auf diesen Stapel kommt alles, was tatsächlich wichtig ist und was Sie innerhalb der nächsten Woche selbst erledigen können.
Tipp: Seien Sie bei diesem Stapel sehr geizig. Am Ende der Aktion sollten nicht mehr Aufgaben zurückbleiben, als in der nächsten Woche zu schaffen sind.

2. »In die Hängeordner«

In Hängeordner kommen die Unterlagen (kritisch bleiben!), die Sie wirklich noch brauchen, die Sie aber nicht in den nächsten Tagen erledigen werden – etwa Teile eines längerfristigen Projekts (siehe »Hang on, baby …«, Seite 27).

3. »Jetzt sofort!«

Hierhin gehört alles, was Sie noch während des Aufräumens erledigen können. Einladungen zu Veranstaltungen, die Sie noch in derselben Minute durch ein kurzes Telefonat zu- oder absagen können. Oder Faxe, die Sie nicht großartig per Brief beantworten, sondern bei denen Sie die Antworten auf den Anschreiben handschriftlich vermerken und sie dann sofort zurückfaxen.

4. »Weitergeben«

Auf diesen Stapel kommt alles, was Sie nicht einfach in den Müll werfen können, was Sie aber nicht unbedingt selbst erledigen müssen. Auch als zurückhaltender Mensch – Sie müssen einfach über Ihren Schatten springen und Aufgaben an andere (Sekretärin, Putz-

Nehmen Sie Platz! Ein aufgeräumter Schreibtisch lässt die Ideen sprudeln.

frau, Büroservice, Hausmeister, technischer Dienst) delegieren.
Alles andere kommt sofort in den Müll!

Faustregeln

› Fassen Sie jedes Papier nur einmal an.
› Entscheiden Sie innerhalb von maximal zehn Sekunden, auf welchen Stapel es kommt. Ansonsten: Ab in den Müll!
› Am Ende des Ausmistens sollten zwei Drittel des Ex-Chaos im Mülleimer liegen.

Hang on, baby ...

Damit nicht in zwei Wochen alles aussieht wie vorher, schaffen Sie sich Hängeordner an. Dahin kommen alle Papiere, die Sie als »dauernd gebrauchte Arbeitsmaterialien« einstufen. Bestellen Sie sich dafür eine fahrbare Hängeordner-Registratur. Aber nun nicht als heimliche Mülldeponie missbrauchen!
Beherzigen Sie drei Regeln:
› Das A und O ist eine aussagekräftige Beschriftung.
› Jedes Mal, wenn Sie etwas einsortieren, werfen Sie gleichzeitig ein anderes (veraltetes) Schriftstück weg.
› Was Sie unmöglich wegwerfen können, heften Sie in Aktenordner.

Ein Schreibtisch zum Verlieben

Blankgeputzt, einladend – richtig schnuckelig sieht der freigeräumte Tisch jetzt aus. Damit es so bleibt:
› Auf Ihrem Arbeitstisch liegen prinzipiell immer nur Dinge, die Sie ständig brauchen (Telefon, Kugelschreiber), und die Unterlagen, an denen Sie gerade arbeiten.
› Die Projekte der nahen Zukunft warten in den Hängeordnern.
› Als Archiv dienen Aktenordner im Regal.
› Arbeitsmaterial wie Locher, Schere, Hefter finden Sie griffbereit in der oberen Schreibtischschublade.
› Werfen Sie auch künftig Unnötiges sofort weg, das andere sortieren Sie sofort ein.
› Räumen Sie am Ende des Tages Ihren Schreibtisch auf und legen Sie die wichtigsten Dinge für den folgenden Tag bereit. Damit auch dies ein müllfreier Kreativtag im Büro wird – voller Ideen und Erfolge, aber ohne Ballast.

Verjagen Sie Energie-vampire!

Tagtäglich müssen Sie einer Flutwelle standhalten – dem permanenten Ansturm von Informationen, Eindrücken, Daten. Das frisst Energie, lähmt Ihre Vitalität. Die folgenden Übungen helfen Ihnen, Unnötiges abzuwehren, den Kopf zu befreien und neue Kraft zu sammeln.

SCHLUSS MIT DEM STRESS!

Pop-Ikone Madonna gönnt sich auch im größten Tournee-Stress jeden Tag zwei Stunden für sich ganz allein. Sie sagt: »Nur in dieser Ich-Zeit gewinne ich wieder neue Energie.« Diesen Frei-Raum verteidigt sie energisch und kompromisslos gegen jeden Energieräuber.

Sie hat Recht, denn US-Forscher haben den wichtigsten krank machenden Faktor unserer Zeit identifiziert: Es ist – mehr noch als dauernder Termindruck – die tägliche Überflutung mit Informationen, Daten, Eindrücken. Unter einer Decke mit diesen Stressoren stecken menschliche Energievampire, die uns täglich Lebensenergie klauen: indem sie uns manipulieren, mit Ballast beladen, ein schlechtes Gewissen einreden.

Der schlimmste Energieräuber aber ist oft der eigene Kopf: In so manche Denkfallen tappen wir immer wieder. In so manche emotionale Fallgrube stolpern wir ein ums andere Mal, obwohl wir sie eigentlich längst kennen müssten.

Erste Hilfe gegen Überflutung

Im folgenden Kapitel (ab Seite 31) lernen Sie die wirksamsten Strategien gegen Energievampire kennen. Und hier gibt's gleich ein paar konkrete Tipps, wie Sie Stress entgegenwirken und Ihre ausgeräuberten Energiedepots wieder auffüllen. Für neue Kraft im Alltag und gute Laune.

Zeitlupentempo

Trainieren Sie die Kunst der Langsamkeit: Bewegen Sie sich täglich zweimal eine Viertelstunde lang im Zeitlupentempo. Tun Sie alles, was Sie in dieser Zeit ohnehin vorhatten. Aber ganz bewusst dreimal langsamer als sonst. Sie werden sich köstlich amüsieren

LACH DICH FRISCH, FRÖHLICH, FREI!

Lachen ist ein Königsweg, um die Seele zu befreien, **Ballast aus der Psyche** zu schaufeln. Der amerikanische Emotionsforscher Paul Ekman fand heraus: »Sogar künstlich stimulierte Lach-Grimassen, etwa einen Bleistift zwischen die Mundwinkel zu stecken, regen Fröhlichkeit an.« Die Erklärung: Beim Lachen werden bestimmte Muskelgruppen aktiviert, die Signale ans Gehirn senden. Sie lösen eine **Kettenreaktion der Glückseligkeit** aus: Glücksbotenstoffe (Endorphine) und das Glückshormon Serotonin werden ausgeschüttet.

› Tun Sie's **20-mal pro Stunde.** Ein denkbar einfacher Weg, den Kopf frei zu bekommen: Lächeln Sie! Nehmen Sie sich einfach vor: »In der kommenden Stunde werde ich mindestens 20-mal bewusst lächeln.« Und sobald Sie die Mundwinkel hochziehen, läuft die geschilderte **Glückshormon-Kaskade** ab.

und Ihr Körper sagt danke. Denn dadurch sinkt die Zahl der Stresshormone Adrenalin und Cortisol, die Zahl der abwehrbereiten Immunzellen steigt.

Ein-Minuten-Entspannung

Machen Sie den ersten Teil der Entspannungsübung von Seite 19, einschließlich der Konzentration auf den Atem. 60 Sekunden lang. Sie werden merken: Schon nach dieser kurzen Zeit fühlt sich Ihr Kopf (nach einiger Übung) plötzlich an wie freigeputzt.

Grounding

Einfach mal die Erde spüren, auf den Boden der Realität zurückkehren. Sich sicher und verwurzelt fühlen. Mit Grounding (Erden, von englisch ground = Boden) können Sie das wohltuend erfahren:

→ Stellen Sie sich barfuß aufrecht hin, die Füße hüftbreit auseinander. Die Arme lassen Sie locker hängen.

→ Spüren Sie, wie die ganzen Fußsohlen fest und sicher auf dem Boden stehen. Lassen Sie in Ihrer Vorstellung Wurzeln tief in die Erde wachsen und verankern Sie sich so ganz fest im Boden.

→ Stellen Sie sich nun vor, dass ein imaginärer Faden am Kopf Sie sanft in den Himmel zieht. Ihr im Boden verankerter Körper wächst unaufhaltsam nach oben. Sie werden spüren: Die Wirbelsäule strafft sich, Sie werden automatisch »größer«. Bleiben Sie ruhig atmend zwei bis drei Minuten lang in dieser Wahrnehmung. Danach die Haltung langsam wieder auflösen.

Ganz intensiv den Boden spüren und innerlich wachsen: Beim Grounding tanken Sie neue Kraft für den Alltag.

Urschrei

Der hilft, um sich mal kurz abzureagieren. Wenn alles über Ihnen zusammenbricht, dann gehen Sie in den Park oder in eine ruhige Straße und schreien mit einem gewaltigen »Pau« das Ganze aus sich heraus. Dabei schleudern Sie die Arme mit geballten Fäusten nach oben.

Wahrnehmungslenkung

Hört sich kompliziert an, ist aber einfach. Wenn Sie im Info-Overkill zu ersticken drohen, sagen Sie ganz bewusst laut »Stopp« und richten zur Verstärkung ein imaginäres Stopp-Schild auf. Dann stellen Sie sich in allen Einzelheiten den Augenblick vor, an dem die wichtigste Aufgabe dieses Tages geschafft ist, dazu Ihre Erleichterung, Genugtuung, Freude … Sagen Sie jetzt schon laut: »Ja – geschafft!« Sie werden sehen, Sie sind sofort voll von neuer Energie und Tatkraft.

RAUS MIT DEM INNEREN MIESMACHER!

Hollywood-Schauspieler Tom Hanks ist ein Weltstar. Dennoch grübelt er. »Ich hasse meine großen Ohren und mein Hintern ist zu dick.«
Die innere Stimme, die ihm das einredet, kennen Sie auch. Sie redet immer dazwischen, wenn man sie gar nicht brauchen kann, mäkelt an allem rum. Gaukelt Ihnen vor, dass Sie glücklicher und erfolgreicher wären, hätten Sie nur eine geradere Nase, einen üppigeren Busen, ein dickeres Bankkonto.

Polieren Sie Ihr Selbstbild!

Stimmt aber nicht. Experten sagen: Das innere Bild, das Sie von sich haben, ist völlig unabhängig von äußeren Bedingungen. Sie können sich kurz vor dem Bankrott super fühlen oder unmittelbar nach Ihrem ersten Nobelpreis den Untergang kommen sehen. Die gute Nachricht: Ein positives Selbstbild kann man trainieren. Wie? Werfen Sie den inneren Miesmacher ganz einfach raus.

Gedanken-Stopp

Negative Gedanken und Befürchtungen werden tatsächlich wahr, weil Sie sich fürchten – und unbewusst entsprechend handeln. Drücken Sie einfach die Stopp-Taste: Wann immer selbstzerstörerisches Grübeln Ihr Selbstwertgefühl erschüttert, sagen Sie laut: »Stopp! Ich habe meine ganz eigenen Werte!«

Positiv-Galerie

Nehmen Sie sich täglich eine Viertelstunde, um sich an Ihre schönsten Erlebnisse zu erinnern. Wann fühlten Sie sich super? Sexy? Erfolgreich? Begehrt? Geliebt? Lassen Sie diese Bilder wie einen Kurzfilm vor Ihren Augen ablaufen. Mit diesem Ritual ziehen Sie die Trübwetter-Brille ab.

Sandwich-Methode

Wer sich selbst lecker findet, der ist auch erotisch. Deshalb konnte die anfangs pummelige Sophie Dahl ein erfolgreiches Model werden und ein eigentlich nicht besonders schöner Mann wie Jean-Paul Belmondo zu einem der begehrtesten Schauspieler (und Männer) avancieren.
Das A und O des Sex-Appeals: Werden Sie Ihr bester Freund. Und zwar so: Verbringen Sie täglich zehn Minuten vor dem Spiegel und betrachten Sie sich mit liebenden Augen (wenn nicht mit liebenden, dann zumindest mit wohlwollenden). Richten Sie Ihren Blick zunächst auf einen Körperbereich, den Sie okay finden. Sagen Sie: »Mensch, prima, da bin ich ja echt sexy.« Dann wenden Sie sich einer Zone zu, die Sie eigentlich an sich hassen. Widmen Sie diesem eher ungeliebten Körperteil Ihre ganze Aufmerksamkeit und finden Sie heraus, was das Spezielle daran ist. Sagen Sie zu sich: »Hier bin ich einzigartig.« Wechseln Sie so geliebte und weniger geliebte Stellen ab – wie bei einem Sandwich.

Ziehen mit negativen Gedanken Schlechtwetterwolken auf? Dann greifen Sie zum Stift und schreiben Sie dagegen an!

Strategien gegen Denkfallen

Der eigene Kopfsalat macht uns das Leben oft unnötig schwer. Aber das muss eigentlich gar nicht sein.

Katastrophendenken ade

»Oh Gott, dann wird bestimmt …« Tatsächlich? Wann immer Sie sich in Befürchtungen verlieren, bauen Sie zwei Extrempole auf. Malen Sie sich zunächst den »worst case« aus. Und überprüfen Sie: Was kann im schlimmsten Fall tatsächlich passieren? Sind Sie dann wirklich ruiniert, ausgestoßen, mutterseelenallein im Weltall? Oder glauben Sie das bloß? Dann malen Sie sich aus: Alles klappt, unvorhergesehenermaßen, wie von selbst. Dann wägen Sie ab: Liegt die Wahrheit (und Wahrscheinlichkeit) nicht in der Mitte?

Einstecken und gewinnen

Kritik hat Sie verletzt? Konzentrieren Sie sich auf den Inhalt der Kritik – nicht auf die (negativen) Gefühle, die sie auslöst. Nehmen Sie sich einen Zettel und schreiben Sie fünf Argumente für Ihre Position auf. Zetteln Sie einen inneren Dialog zwischen kritisierendem Angreifer und Ihrem inneren Verteidiger an. Stellen Sie sich auf die Seite Ihres »inneren Anwalts«. Lassen Sie sich zumindest emotional gewinnen.

Vergleichsstopp

Sie fühlen sich einer vermeintlich attraktiveren, glamourösen Person gegenüber minderwertig? Machen Sie sich eine Liste mit fünf positiven und negativen Eigenschaften von Ihnen selbst und der anderen Person. Dann unterstreichen Sie deren Schwächen. Möchten Sie immer noch tauschen?

Werbung in eigener Sache

Diese Übung macht Ihnen bewusst, welche Talente in Ihnen stecken. Notieren Sie in dreißig Sekunden all Ihre Stärken, Fähigkeiten und Talente, die Ihnen einfallen. Überlegen Sie, welche davon Sie selbst im größten Stress parat haben. Nun spielen Sie Entertainer in eigener Sache: Stellen Sie sich vor, Sie befänden sich auf einer Bühne und sollten vor zahlreichen Zuschauern für sich Werbung machen. Nehmen Sie ein imaginäres Mikrofon in die Hand und erzählen Sie von sich, als wäre eine Kamera auf Sie gerichtet. Ihr Unterbewusstsein wird sagen: »Danke, jetzt geht es mir wieder gut …«

AB JETZT GANZ SICHER AUFTRETEN

US-Talkmaster David Letterman ist der erfolgreichste TV-Showstar der Welt. Regelmäßig fesselt er ein Millionenpublikum an den Bildschirm. Doch nach jedem Auftritt flüchtet er sich schweißgebadet aus dem Studio ins Dunkel der Privatsphäre. In einem Interview gab er öffentlich zu: »Wenn ich doch nur den Ballast meiner Schüchternheit ablegen könnte!«

Acht Gebote gegen Schüchternheit

Leiden Sie unter Schüchternheit, Lampenfieber, innerer Unsicherheit? Hier sind acht Gebote für sicheres Auftreten in jeder Situation:

1. Lächeln Sie!

Es verdeckt nicht nur Ihre Unsicherheit. Es schlägt Brücken und öffnet die Herzen.

2. Suchen Sie Einzelkontakt!

Wenn Sie einen Raum voller Menschen betreten, nehmen Sie einen bestimmten Menschen fest ins Visier und beginnen ein Gespräch mit ihm. Und der Einstieg ist schon geschafft.

3. Denken Sie positiv!

Fast nie will Ihnen jemand etwas Böses. Wenn Sie fest an die prinzipiell positive Einstellung der anderen glauben, strahlen Sie das auch aus.

4. Beruhigen Sie Ihre Atmung!

Die Atmung ist das Gaspedal des Körpers. Eine hektische Atmung kann Angstgefühle noch verstärken. Atmen Sie ruhig und tief durch, bevor Sie den ersten Satz sagen.

5. Machen Sie einen mentalen Probelauf!

Spielen Sie sich angstbesetzte Szenen ruhig zu Hause vor dem Spiegel vor. Malen Sie sich aus, wie Sie sich verhalten werden. Wie Sie Ihrer Stimme einen ruhigen Klang verleihen, wie Sie sich bewegen. Auf einmal merken Sie: eigentlich alles easy.

6. Lachen Sie über sich selbst!

Nehmen Sie sich selbst nicht bierernst! Gerade dann, wenn Ihnen Schnitzer passieren. Sie werden merken, dass Sie eine andere Botschaft ausstrahlen. Nämlich die, dass Sie mit sich selbst im Reinen sind.

7. Suchen Sie Augenkontakt!

Wenn Sie jemandem vorgestellt werden, schauen Sie Ihrem Gesprächspartner tief in die Augen. Das schafft Vertrauen und verbessert die Atmosphäre.

8. Bewahren Sie Haltung!

Bauch rein, Brust raus! Diese Haltung signalisiert Selbstbewusstsein. Wer aufrecht geht, steht auch in Sachen Selbstwert besser da und wird insgesamt mehr respektiert.

MANIPULATIONSVAMPIRE EINFACH KALTSTELLEN

Manche Typen haben es wirklich raus. Drücken bei Ihnen mal kurz auf den richtigen Knopf und schaffen es damit mühelos, Sie zu manipulieren und zu gängeln. Sie rauben Ihnen Kraft und Energie, steuern Ihre Entscheidungen – ob Sie wollen oder nicht.

Erkennen Sie den Feind!

Stopp! Jetzt wird es höchste Zeit, diesem besonders perfiden Typ von Energievampir den Garaus zu machen. Wie? Indem Sie die Manipulationsfallen erkennen – und ihnen geschickt entkommen.

Falle 1: Hinterlistiges Lob

»Sie sind Spitze«, meint Ihr Boss und strahlt. »Dieses Projekt traue ich eigentlich nur Ihnen zu.« Sie strahlen auch. Und haben wieder ein Arbeitswochenende an der Backe, um sich vorzubereiten, ein Konzept zu machen …
Gegenstrategie: Nicht einlullen lassen. Genießen Sie das Lob, ohne sofort bereitwillig eine Gegenleistung anzubieten. Danken Sie für das Vertrauen – und sagen Sie: »Dieses Angebot möchte ich aber noch überdenken.« Wenn Sie keine Lust haben, dann sagen Sie das genauso klar. Punkt.

Falle 2: »Wir sind uns ja so ähnlich …«

Tatsächlich? Sie lieben Griechenland? Und Brahms hören Sie für Ihr Leben gern? So ein Zufall: der Versicherungsvertreter nämlich auch. Schon haben Sie unterschrieben. Auf ähnliche Weise lassen Sie sich alten Pflaumenkuchen andrehen (der Bäcker ist ebenfalls ein Katzenliebhaber) und verbringen den Partyabend mit einer Nervensäge (zufällig auch Steinbock).
Gegenstrategie: Einen Abpraller servieren. Machen Sie sich blitzschnell klar: Hier will bloß jemand was von Ihnen. Die vorgegaukelte Nähe existiert gar nicht. Kontern Sie cool: »Wie nett, noch ein Griechenland-Fan. Ihr Angebot möchte ich mir aber in Ruhe überlegen. Legen Sie die Unterlagen bitte dort auf den Tisch. Ich rufe Sie an, wenn ich mich entschieden habe.« Und dann geleiten Sie den Vertreter zur Tür.

Falle 3: »Wegen dir muss ich so leiden …«

Besonders heimtückisch. Egoistische Eltern sind spezialisiert auf diesen »Schlechtes Gewissen«-Schalter.
Sie freuen sich auf Ihren Kurztrip zu einer Freundin, aber Ihre Mutter meint heldenhaft: »Ich hatte so sehr gehofft, du besuchst mich dieses Wochenende. Na ja, bleib ich eben allein, ich komm schon klar …« Das sitzt. Trip abgesagt, Mutterbesuch angesetzt. Dabei könnten Sie sich selbst ohrfeigen …
Gegenstrategie: Schuldgefühlen eine klare Abfuhr erteilen.

Lassen Sie sich von den klugen Ratschlägen allwissender Verkäuferinnen nicht beeinflussen! Sie wissen selbst am besten, was für Sie das Richtige ist.

Machen Sie sich ganz rational klar, wer hier egoistisch ist. Eine liebevolle Mutter würde Ihnen den Trip gönnen. Lassen Sie sich nicht länger an der »Du hast Schuld«-Leine herumzerren. Übrigens auch eine Chance für Ihr Gegenüber: Sie (oder er) kann lernen, für sich selbst Verantwortung zu übernehmen.

Falle 4: Angst einjagen

»Sie müssen es ja wissen. Ich fürchte nur: Ihr Chef wird die Sache etwas anders beurteilen!«, meint Ihr Verhandlungspartner. Schon haben Sie den Schwanz eingekniffen – und er hat gewonnen.
Gegenstrategie: Rückgrat zeigen.
Wenn ein drohender Unterton Ihnen unterschwellig Angst einjagen soll, dann bleiben Sie besonders (extra!) stur. Stehen Sie zu Ihrer Entscheidung. Sagen Sie zu dem drohenden Individuum lächelnd: »Tja, Leben bedeutet eben Risiko …«

Falle 5: »Sie liegen wirklich voll im Trend!«

Die Verkäuferin ist vor Begeisterung kaum noch zu bremsen. »Steht Ihnen ganz ausgezeichnet. Die saloppe Hosenlänge tragen jetzt alle …« Schwupp liegt das Beinkleid mit Hochwasser im Einkaufsbeutel. Motto: Was alle toll finden, kann für mich doch nicht falsch sein. Kann es aber doch.
Gegenstrategie: Kühlen Kopf bewahren.
Denken Sie einfach (und sagen Sie es Ihrem Gegenüber): »Was für die anderen toll ist, muss noch längst nicht zu mir passen.« Prüfen Sie immer genau, was für Sie das Richtige ist. Und danach richtet sich Ihre Entscheidung – nach sonst gar nichts.

SCHLUSS MIT DEN KILLERPHRASEN!

Selbst dann, wenn niemand etwas von Ihnen will, werden Sie manipuliert – von sich selbst. Dabei ist das Leben manchmal schon schwer genug. Es wird nicht leichter dadurch, dass Sie Killerphrasen benutzen, die Sie selbst noch zusätzlich schwächen.

Räumen Sie Ihren Wortschatz auf!

Werfen Sie diese Lähmfloskeln schnellstens aus Ihrem Wortschatz. Sie werden sich wundern, wie viel das bringt.

»Ja, aber ich muss …«

„Ja, ich würde gern mitkommen zur Vernissage, aber ich muss heute babysitten, hab ich versprochen …"
Damit sagen Sie: Sie tun nicht das, was Sie eigentlich möchten. Sie leben zerrissen, gehetzt, an Ihren Wünschen vorbei. Streichen Sie diese Phrase. Besser: »Ich will …«

»Okay, ich versuche …«

Das klingt nach Schwung. In Wirklichkeit sagen Sie: Sie tun zwar Ihr Bestes und reißen sich den Allerwertesten auf. Doch eigentlich gehen Sie zumindest fifty-fifty davon aus, dass Ihr Vorhaben scheitert.
Tipp: Ersetzen Sie die Phrase durch ein klares »Ja«. Ist das Vorhaben dann immer noch realistisch? Nicht? Dann ersetzen Sie es durch ein klares »Nein«.

»Ich habe Sorgen, dass …«

Quatsch. Sie haben vielleicht konkrete Probleme. Die Sorgen machen Sie sich selbst. Wovor genau haben Sie Angst? Lässt sie sich bannen? Wenn die Furcht gerechtfertigt ist, gehen Sie lieber auf Abstand zum Projekt.

»Ich bin voll im Stress, aber die Zeit nehme ich mir …«

Unsinn. Entweder haben Sie Zeit oder aber Sie haben keine Zeit. »Zeit nehmen« bedeutet, sie abzuzwacken, wo sie nicht vorhanden ist. Dann ist das ganze Vorhaben Ballast, der Sie runterzieht. Tun Sie etwas in Ruhe oder verzichten Sie darauf. Mit voller Überzeugung.

Knacken Sie Ihre inneren Blockaden!

Sie stecken in uns allen. Hemmen uns, beschweren uns, knabbern Lebensenergie weg: innere Blockaden. Höchste Zeit, sie aus dem Weg zu räumen.
Was uns innerlich hemmt und daran hindert, unbeschwert zu leben, ist Typsache. Deshalb: Erkennen Sie Ihre ganz individuelle Form des inneren Hemmschuhs und lösen Sie die Blockade.

Typ 1: Der ewige Sieger

Ein Mensch wie ein Baum (zumindest innerlich). Wie Formel-1-Weltmeister Michael Schumacher. Sein Motto: Ich werde gewin-

nen, um jeden Preis. Sein Problem: Er kann nicht verlieren, beißt sich fest, verliert den Überblick über Situationen. Körperlich ist er im Hals-Nacken-Bereich angespannt und verkrampft.
Ballast-weg-Tipp: Lassen Sie sich gehen. Machen Sie mal bewusst Fehler (über die Sie dann lachen). Reden Sie zum Beispiel fünf Minuten lang wirres Zeug.

Typ 2: Die Analytikerin

Sie paart hohe Intelligenz mit Sensibilität. Prototyp: Angela Merkel oder Renate Künast. Ihr Motto: Lass mich in Ruhe überlegen und komm mir dabei bloß nicht zu nahe.
Ihr Problem: »Angst vorm Fliegen«. Sie reagiert auf Annäherungen oft misstrauisch. Hat überhaupt Probleme, Vertrauen aufzubauen. Manchmal kapselt sie sich ab. Nimmt man sie nicht ernst genug, kann sie ganz schön wütend werden.
Ballast-weg-Tipp: Arbeiten Sie langsamer, vorsichtiger. Versuchen Sie, den Kopf zu entlasten. Optimal dafür geeignet, speziell in Stress-Situationen: die »Zeitlupen-Übung« von Seite 29. Genießen Sie das Skurrile daran.

5-MINUTEN-AKTION

UND ZWISCHENDURCH EINFACH MAL ABHEBEN

Ein neuer Trend erobert die Welt: Rope Skipping. Neu? Na ja. Die meisten von uns kennen es noch als Seilspringen aus Kindertagen. Nichts macht den Kopf so herrlich frei, wirft so viel Ballast von der Seele. Heben Sie ab! Und zwar so:

- Stellen Sie sich mit beiden Füßen auf die Seilmitte. Die Griffe sollten bis unter die Achseln reichen (Seile können mit Knoten verkürzt werden). Halten Sie die Oberarme beim Springen eng am Körper. Die Schwungbewegung kommt nur aus dem Handgelenk.
- Springen Sie so hoch, dass das Seil unter Ihren Füßen durchpasst. Lassen Sie die Beine beim Springen lang, in den Knien nur leicht und weich federn. Landen Sie auf dem Fußballen, rollen Sie den Fuß bis zur Ferse ab. Viel Spaß!

Typ 3: Mutter Teresa

Immer für alle da. Immer auf Wachposten für das Gute: Im Büro entlastet sie unauffällig die anderen, privat hütet sie die Bälger der Freundin, während die auf einer Champagnerparty tanzt. Ihr Motto: Ich bin für euch alle da. Macht euch mal keine Gedanken. Ihr Problem: Immer öfter beschleicht sie das Gefühl: »Wenn ich mal jemanden brauche, dann ist niemand da.« Das wirkt sich auch körperlich aus. Oft läuft sie herum, als sei die Luft rausgelassen.

Ballast-weg-Tipp: Grenzen ziehen. Nehmen Sie sich zwei Abende der Woche als »Wellness«-Zeit. Dann tun Sie nichts als schmökern und in duftenden Ölen baden, hören herrlich schnulzige Oldies …

Typ 4: Der Spaßmacher

Ihn lieben alle. Besonders die Kinder. Aber auch alle anderen zwischen 3 und 103. Wenn er kommt, ist Stimmung angesagt: Immer ein Scherz auf den Lippen, immer eine lustige Anekdote parat, ist er zugleich ein Kommunikationsgenie. Kriegt in jeder Tischordnung die richtigen Paarungen zusammen. Prototyp: Harald Schmidt. Motto: Bitte habt mich lieb – aber nur zu meinen eigenen Spielregeln. Wenn Scherze, Wortspiele oder Anspielungen mal auf seine Kosten gehen, ist Schluss mit lustig. Dann kann er bitter gekränkt sein und tief beleidigt reagieren. Eben eine scharfzüngige Mimose. Problem: Er leidet bitterlich, wenn ihn mal nicht alle lieben. Dann bekommt er trübe Gedanken, Spannungskopfschmerz, Magenschmerzen.

Ballast-weg-Tipp: Weniger reden. Öfter Ruhe einkehren lassen. Verordnen Sie sich täglich nach der Arbeit eine Stunde Walking (oder Spazierengehen) – allein und ohne ein Wort zu sprechen.

ÜBER DEN KÖRPER DEN GEIST ENTSPANNEN

Entspannungsmethoden können helfen, innere **Blockaden aufzulösen.** Eine bewährte Methode ist die Progressive Muskelrelaxation nach Jacobson. Das Prinzip: Muskelgruppen werden willkürlich angespannt – und wieder entspannt. Die Muskelentkrampfung wird über Nervenbahnen dem Gehirn gemeldet. Folge: Auch die **mentale Verspannung löst sich** allmählich.

- Nehmen Sie sich für die Übung eine halbe Stunde Zeit. Legen Sie sich bequem auf eine weiche Decke am Boden.
- Spannen Sie zunächst die Muskulatur des Gesichts an. Runzeln Sie zehn Sekunden lang heftig die Stirn – dann lösen Sie die Anspannung. Nach demselben Muster: Augenbrauen hochziehen – loslassen; Lippen spitzen wie beim Pfiff – **dann relaxen.**
- Dasselbe machen Sie mit den Händen (Fäuste ballen) … mit der Oberarmmuskulatur … den Bauchmuskeln … den Beinmuskeln.
- Bleiben Sie anschließend einige Minuten entspannt liegen.

ATMEN SIE DIE SEELE FREI!

Ohne Essen können wir drei Wochen überleben. Ohne Wasser drei Tage. Ohne Luft drei Minuten. Bereits in der vierten Minute ohne Sauerstoff sterben die Gehirnzellen ab – unwiderruflich. Atmen ist Leben. Atmen ist aber auch Freiheit.

Atemübungen

Bestimmte Atemtechniken entsorgen Gedankenmüll sehr effektiv – und ganz automatisch. Finden Sie heraus, welche der folgenden Übungen Ihnen gut tut.

Durchflutet von Energie: Ihr Körper tankt auf und bekommt einen Energie-Kick extra.

Yogi-Atmung

➔ Atmen Sie ein. Halten Sie mit einem Finger das linke Nasenloch zu.
➔ Atmen Sie langsam und ruhig über rechts aus und wieder ein.
➔ Halten Sie nun das rechte Nasenloch zu, atmen Sie links aus und wieder ein.
➔ Abwechselnd jeweils 20-mal.

Buckelwal

➔ Überkreuzen Sie Ihre Arme und beugen Sie den Oberkörper so weit, dass Sie auf Ihre Knie blicken. Machen Sie bewusst einen Buckel. Atmen Sie in dieser Stellung tief ein.
➔ Dann atmen Sie mit einem hörbaren »Fffft …« kräftig aus. Wie ein Wal, ehe er auftaucht. Richten Sie sich dabei allmählich auf, und schwingen Sie am Ende der Ausatmung die Ellenbogen kräftig nach hinten, als wollten Sie eine Last abwerfen.

Durchflutet von Energie

➔ Stellen Sie sich aufrecht und locker hin, die Handflächen zusammen, die Fingerspitzen zeigen auf den Boden. Atmen Sie gleichmäßig, langsam, tief.
➔ Beim nächsten Einatmen stellen Sie sich vor, Sie würden Lebensenergie aus der Erde ziehen. Lassen Sie Ihre Fingerspitzen dabei nach oben in Richtung Kopf und noch weiter hinauf wandern. Stellen Sie sich vor, wie die Luft-Energie den ganzen Körper durchflutet.
➔ Atmen Sie langsam wieder aus.

BEZIEHUNGSBALLAST ABWERFEN

Es gibt unzählige Gründe, warum Partner sich in Beziehungen das Leben zur Hölle machen. Gemeinsam aber ist diesen Situationen: Das, was mal Liebe war, ist zum Ballast geworden. Unendlich traurig – aber es nützt nichts, die Augen davor zu verschließen. Wenn die Ursache des Beziehungschaos eine Verletzung (Klassiker: Seitensprung) ist, gibt es nur zwei Möglichkeiten, den Emotionsmüll beiseite zu räumen: Sie schaffen den schwierigen Drahtseilakt der Versöhnung wirklich – über alle emotionalen Klippen hinweg. Oder Sie trennen sich. Alles andere ist Augenwischerei.

Klären Sie die Beziehungsfronten – eindeutig.

Der Weg zur Versöhnung

Auf dem – zugegeben schwierigen, aber möglichen – Weg zur Versöhnung sind drei Schritte unverzichtbar.

Gefühle nicht unterdrücken

Unterdrücken Sie Ihre Wut, Ihren Hass, Ihre negativen Gefühle nicht. Mit Wut- und Gewaltvorstellungen versucht Ihr Unterbewusstsein, Rachegelüste zu befriedigen. In der Fantasie ist das okay – aber lassen Sie Ihre Wut nicht am anderen aus, das macht alles nur noch schlimmer.

Verletzung ausloten

In manchen Fällen heilt eine seelische Verletzung kaum oder gar nicht. Dahinter können komplizierte, psychologisch erklärbare Ursachen stecken. Dann sollten Sie nicht zögern, professionellen Rat von einem gut ausgebildeten Psychotherapeuten in Anspruch zu nehmen.

Sich einen Ruck geben

Um wirklich zu verzeihen, müssen Sie sich einen innerlichen Ruck geben. Spüren Sie ehrlich in sich hinein: Gibt es einen Neuanfang für Sie als Paar, der nicht mehr von Schmerz überschattet ist? Wenn ja, dann bringen Sie das Thema auch nicht mehr auf den Tisch. Wenn nein: Beenden Sie diese Beziehung. Endgültig.

Manchmal geht es einfach nicht mehr. Man geht sich nur noch auf die Nerven, redet aneinander vorbei. Der amerikanische Sänger Paul Simon hat ein Lied über die Wege der Trennung geschrieben. Ich habe seinen Thesen Noten gegeben.

Just slip out the back, Jack: Note 5.

Einfach durch die Hintertür verschwinden? Der Weg für Feiglinge. Psychologen sagen: An derartigen Trennungen kauen beide besonders lang. Allerdings: immer noch besser, als sich bei x Treffen immer wieder anzuschreien. Deshalb keine Sechs.

Make a new plan, Dan: Note 3.

Neue Pläne, das klingt super. Doch in Wirklichkeit muss zuerst ein Plan her, wie man die Trennung hinter sich bringt. Es ist wichtig, dass beide Partner die Verantwortung für die Trennung und auch für die Regelung der Zukunft übernehmen. Wer das nicht lernt, wird dieser Liebe ewig nachhängen. Danach bekommen »New plans« die Note Eins.

You don't need to be coy, Roy: Note 2.

Nicht vorsichtig und rücksichtsvoll sein, sondern knallhart. Dafür eine Zwei? Ja, weil es hilft, Missverständnisse zu vermeiden. Ein ungeschminktes »Ich will und kann nicht mehr, es ist vorbei« ist besser als monatelanges Rumdrucksen.

Just get yourself free: Note 1.

Stimmt haargenau. Wenn Trennung, dann konsequent. Auch nicht wieder anrufen, wenn der Sittich kränkelt oder der Trockner streikt. Vorbei ist vorbei. Nehmen Sie das Foto von der Wand.

Hop on the bus, Gus: Note 3.

Eigentlich nicht schlecht. Erst mal Urlaub, weg. Die Gedanken klären, die Emotionen ordnen. Allerdings: Wer nur Abwechslung sucht, wird merken, dass nach seiner Rückkehr auch der Schmerz wieder da ist. So leicht wird man ihn nicht los.

You don't need to discuss much: Note 2.

Wenn die Beziehung schwächelt, sollte man intensiv darüber reden. Aber wenn sie vorbei ist, bringt es null, alles zum hundertsten Mal zu »bearbeiten«. Auskotzen sollten Sie sich lieber bei Freunden.

Drop off the key: Note 3.

Den Schlüssel wegwerfen? Nach einer heftigen Affäre vielleicht. Aber nach einer echten Beziehung muss man Wege finden, sich auch künftig in die Augen sehen zu können, wenn man sich trifft. Das gilt dreimal, wenn Kinder beteiligt sind.

She said, why don't we sleep on it tonight: Note 6.

Noch mal drüber schlafen? Allein, okay. Aber noch einmal miteinander ins Bett gehen: bloß nicht. Dann wird alles wieder aufgerissen. Tun Sie sich das nicht an.

DAS MINOTAURUS-PRINZIP

Es ist ein geniales Prinzip, das alte Wunden heilt. Sogar seelische Verletzungen, die wir in der Kindheit erlitten haben, können damit im Erwachsenenalter geheilt werden. Probieren Sie es aus!

Vorsicht, Falle!

In manche »Fallen« tappen wir immer wieder. Sie, ich – wir alle. Denn es sind unsere ganz speziellen Fallen. Und: Es gibt einen roten Faden in Ihrem Leben. Einen Faden, der direkt in die Falle führt. Aber auch wieder heraus. Deshalb kann er Ihnen den Ausweg zeigen, wenn Sie wieder im emotionalen Fangeisen feststecken. Sie müssen ihn nur erkennen – und Ihr Handeln und (möglichst auch) Ihre Gefühle entsprechend ändern.

SIEG ÜBER DEN MINOTAURUS

Ein Faden war es, der Theseus einst das Leben gerettet hat.
Auf Kreta – so erzählt es die griechische Mythologie – hauste **in einem Labyrinth** der grausame Minotaurus, halb Stier, halb Mensch. Jedes Jahr musste Athen ihm sieben Mädchen und sieben Jungen opfern. Theseus, Königssohn aus Athen, erschlug schließlich das Ungeheuer. **Den Weg zurück** aus dem Labyrinth fand er an besagtem Faden – den ihm Ariadne, kretische Königstochter und sehr verliebt in ihn, wohlweislich mitgegeben hatte.

Ein Weg hinaus

Wie kann Sie der wegweisende Faden aus dem Labyrinth emotionaler Verstrickung wieder herauslotsen? Entscheidend dabei ist, zu erkennen, wie aktuelle Situationen mit biografischen Erlebnissen zusammenhängen. Wenn Sie dies durchschauen, ist der erste Schritt getan, künftig befreiter, fröhlicher, mutiger zu leben.

1. Den Stachel finden

Eigentlich sind Sie doch stark und erfolgreich. Wenn aber Ihr Chef losbrüllt, könnten Sie nur noch heulen. Sie schrumpfen zum Kleinkind. Eigentlich sind Sie ein erotisch attraktiver Mensch. Aber wenn der Partner bestimmte Eigenschaften kritisiert, fühlen Sie sich wie vernichtet. Sind tagelang down. Das Ganze ist so vertrackt, weil die Ursachen der Verletzlichkeit sehr tief sitzen. Vermutlich haben Sie als Kind ähnliche Situationen erlebt. Damals waren Sie völlig wehrlos. Dieser Stachel sitzt bis heute tief und löst die aktuellen Probleme aus.

› Nehmen Sie sich am kommenden Wochenende (so lange, bis Sie fündig geworden sind) Zeit dafür, diesen Stachel aufzuspüren.

Blicken Sie zurück: Sind es Erlebnisse aus der Kindheit, die Sie bis heute negativ beeinflussen?

› Schließen Sie die Augen. Atmen Sie ruhig. Dann gehen Sie zurück in Ihre Lebensgeschichte. Wann trat dieses Gefühl, das Sie hilflos macht, zum ersten Mal auf? War es ein aggressiver, brüllender Lehrer, der Sie bis heute vor dem Chef kuschen lässt? War es eine lieblose, strenge Mutter, wegen der Sie bis heute Kritik oder Abweisung wie einen Albtraum erleben?

› Spüren Sie das alte Bild auf (das kann eine Weile dauern). Nehmen Sie es vor Ihrem inneren Auge mit allen Sinnen wahr: Der brüllende Erzieher, wie sah er ganz genau aus? Hatte er Falten oder eine Glatze? Wie klang seine geifernde Stimme? Roch er nach Rasierwasser?

2. Das alte Bild karikieren

› Verändern Sie nun dieses Bild, das Sie bis heute verfolgt. Heute sind Sie stark, selbstbewusst, dem Lehrer, der Mutter allemal überlegen. Gehen Sie ganz intensiv in die Situation. Konzentrieren Sie sich auf das unangenehme Gefühl, das die Situation auslöst.

› Und dann drehen Sie einfach am Erinnerungsknopf: Lassen Sie das Bild mit doppelter, dann dreifacher Geschwindigkeit ablaufen. So, als ob Sie einen Film schneller abspulen. Auf einmal klingt die Stimme des Lehrers wie die von Mickymaus. Er fuchtelt nicht mehr Furcht erregend mit seinen großen Händen, sondern saust wie in einem Stummfilm durchs Zimmer und scheint mit seinen Armen geradezu nach einem Rettungsring zu rudern. Spüren Sie genau: Was ist jetzt aus dem unangenehmen Angstgefühl geworden? Ist der Lehrer nicht absolut lächerlich? Können Sie jetzt darüber lachen?

3. Das aktuelle Bild erleben

Nun müssen Sie noch die aktuelle Situation umpolen.

› Gehen Sie auch an diese Situation ganz nah heran. Nehmen Sie mit allen Sinnen wahr: Inwiefern ruft der Chef die alten Ängste hervor? Wieso ähnelt er dem Lehrer so präzise? Wie sind seine Augen? Was gibt ihm die Aura von so viel Autorität?

4. Ein neues Bild installieren

› Jetzt gestalten Sie dieses Bild neu: Nehmen Sie (zunächst in Ihrer Fantasie) einen grundlegend neuen Standpunkt ein. Fantasieren Sie sich in eine kraftvolle Stärkeposition, in der Sie Ihrem Chef mutig Paroli bieten.

› Dann verändern Sie auch dieses Bild. Stellen Sie sich intensiv vor, wie Ihre Stimme nun aus dem besten Dolby-Surround-System der Welt klingt: glasklar, unwiderstehlich.

› Spielen Sie mit diesem neuen inneren Bild. Lassen Sie die Stimmen an- und abschwellen. Wichtig: Sie bleiben immer siegreich.

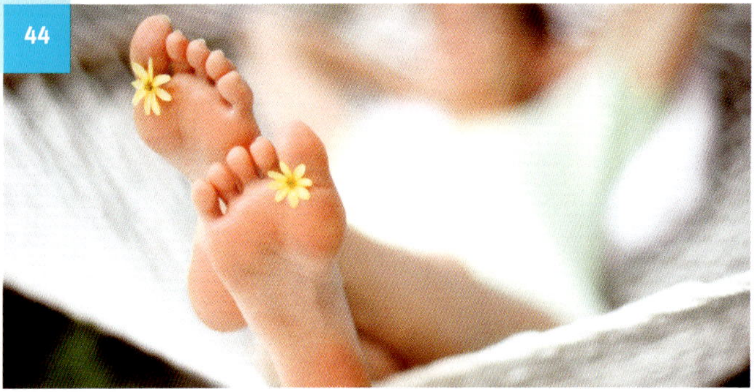

BALLASTFREI IM ALLTAG

Jetzt haben Sie wirklich viel erreicht. Sie werden künftig leichter, einfacher und befreit leben. Nun gilt es, die neue Leichtigkeit des Seins zu genießen und zu bewahren.

Damit es so bleibt

Damit Ihr Erfolg nicht nur von kurzer Dauer ist, sollten Sie ein paar kleine, aber feine Alltagstipps beherzigen.

Ruheinseln

Einmal täglich aufrecht hinsetzen und die Augen schließen. Auf die erste Silbe des Wortes »Ru-he« tief einatmen, auf die zweite Silbe lang ausatmen.
Und legen Sie mindestens alle zwei Wochen Ihren ganz individuellen Ruhetag ein. Einen Tag, an dem Sie auf Radio, Fernsehen, Tageszeitung, Internet und Handy verzichten.

Glücksmomente

Optimismus kann man lernen. Schreiben Sie jeden Morgen eine Mini-Liste der Dinge, die Ihnen gestern gut gelungen sind. Daneben schreiben Sie eine Kurzliste von Kleinigkeiten, die Sie ärgern. Ändern Sie täglich eine (nur eine!) davon.

Die Farbe Gelb

Gelb regt die rational-intellektuelle Hirnhälfte an, erfrischt den Geist. Eine gelbe Fläche über dem Schreibtisch (Klassiker: van Goghs Sonnenblumen) fördert die Konzentration und damit die Leichtigkeit der Gedanken.

Haste Töne?!

Ersetzen Sie Ihren nervigen Handy-Signalton durch ein angenehmes Musikstück. Bach entspannt unvergleichlich.

Abendspaziergang

Machen Sie eine abendliche Runde an der frischen Luft zu Ihrem Ritual. Atmen Sie ganz tief, ruhig, bewusst – konzentrieren Sie sich auf Ihre Atemzüge. Der zusätzliche Sauerstoffkick pustet Grübelgedanken vor dem Schlafen aus dem Kopf.

Innercise-Weekend

Gab's während der Woche Stress, Überstunden, einfach viel zu tun? Dann wird es Zeit, ein Wochenende nur an sich zu denken:

Freitag

Nach der Arbeit geht es los:
18.00 Uhr Sanft runterschalten: Gehen Sie allmählich auf Distanz zum Alltag. Telefon aushängen, Klingel abstellen.
19.00 Uhr Schluss-Strich: Ziehen Sie in einer ruhigen Ecke mit einem Notizblock eine kurze Wochenbilanz: Was war gut, wann fühlten Sie sich unwohl? Dann schließen Sie den Zettel weg. Jetzt sind Sie nur noch für sich da.
20.00 Uhr Einfach atmen: Setzen Sie sich auf den Boden (möglichst auf einen weichen Teppich). Atmen Sie tief bis in den Bauch ein, tief wieder aus. Beobachten Sie, wie Ihr Atem fließt.
21.00 Uhr Duftes Bad: Rekeln Sie sich genüsslich in einem warmen Wannenbad (35 °C) mit duftenden Ölen: Rose, Lavendel, Melisse (wirken entspannend). Wenn Sie schläfrig werden, ab ins Bett – endlich mal genug schlafen ist angesagt.

Samstag

Der Tag beginnt mit Ausschlafen!
10.00 Uhr Hallo wach! Bester Start in den Tag: Noch im Bett genüsslich rekeln – dabei gehen Impulse von den Muskeln zum Gehirn und schalten den Kopf auf wach.
10.30 Uhr Wasserspiele: Duschen Sie in aller Ruhe. Cremen Sie sich danach ein.
12.00 Uhr Jetzt aber raus! Bei einem ausgiebigen, strammen Spaziergang bekommt Ihr Gehirn einen Sauerstoffkick plus eine stimmungsaufhellende Portion Licht.
15.00 Uhr Schreibstunde: Schreiben Sie sie auf: lang gehegte Träume, neue Ideen … Lassen Sie Ihre Fantasie aus dem Käfig.
20.00 Uhr Traumreise: Kuscheln Sie sich gemütlich auf die Couch, schließen Sie die Augen und machen Sie eine Traumreise zu Ihrer Lieblingslandschaft (Anleitung Seite 18). Mit den wohligen Bildern im Kopf gehen Sie später schlafen.

Sonntag

Nach ausgiebigem Stretching und Duschen (wie am Samstag) werden Sie aktiv:
12.00 Uhr Sauerstoffkick: Bei einer Fahrradtour zu einem lohnenden Ziel (Burg, See, Biergarten …) kommen Sie in Bewegung und durchfluten den Kopf mit Sauerstoff. Wer nicht gern radelt, macht Power-Walking.
14.00 Uhr Nickerchen: Jetzt rutscht der Biorhythmus in ein Tief. Tanken Sie mit einem Nickerchen neue Kraft.
15.00 Uhr Bunte Bilder: Gönnen Sie Ihren grauen Zellen ein paar farbige Eindrücke. Gehen Sie in die Ausstellung, die Sie schon lange besuchen wollten. Danach: Eis essen, faulenzen, vor sich hin träumen …
20.00 Uhr Fortsetzung folgt: Bereiten Sie sich mental auf den nächsten (Arbeits-)Tag vor. Bauen Sie in Ihren Zeitplan fest kleine Ruheinseln ein, in denen Sie kurze Entspannungsübungen machen oder zwischendurch auf Traumreise gehen.

GESUCHT – GEFUNDEN

Buchtipps

Bischof, Anita: *Selbstmanagement. Effektiv und effizient.* Haufe Verlag
Derbolowsky, Jakob Dr. med./Starringer, Gudrun Dr. med.: *Entspannt in einer Minute.* GRÄFE UND UNZER VERLAG
Grillparzer, Marion: *Joker.* GRÄFE UND UNZER VERLAG
Kingston, Karen: *Feng-Shui gegen das Gerümpel des Alltags.* Rowohlt TaschenbuchVerlag
Küstenmacher, Werner Tiki / Seiwert, Lothar: *Simplify your life.* Campus Verlag
Lindinger, Karin Dr.: *Lass los und gewinne.* GRÄFE UND UNZER VERLAG
Rusch, Alex S. / Bühler, Ferris A.: *Tue im Leben, was Du wirklich willst.* mvg Verlag
Sator, Günter: *Feng Shui – Leben und Wohnen in Harmonie.* GRÄFE UND UNZER VERLAG
Seiwert, Lothar: *Noch mehr Zeit für das Wesentliche.* Ariston Verlag
Vester, Frederic: *Denken, Lernen, Vergessen.* dtv

Weitere Bücher zum Thema »Loslassen, Ballast abwerfen«

Gebauer-Sesterhenn, Birgit: *Entschlacken 1 x pro Woche.* GRÄFE UND UNZER VERLAG
Grasberger, Delia: *Autogenes Training (Übungskurs mit CD).* GRÄFE UND UNZER VERLAG
Grillparzer, Marion: *Fatburner – So einfach schmilzt das Fett weg* und *Die magische Kohlsuppe.* GRÄFE UND UNZER VERLAG
Johnen, Wilhelm: *Muskelentspannung nach Jacobson.* GRÄFE UND UNZER VERLAG
Langen, Dietrich: *Autogenes Training.* GRÄFE UND UNZER VERLAG
Lützner, Hellmut: *Wie neugeboren durch Fasten.* GRÄFE UND UNZER VERLAG

Hilfreiche Adressen

ORG. Loseblatt-Zeitschrift zu allen Fragen des Selbst- und Zeitmanagements.
Verlag für die Deutsche Wirtschaft AG
Theodor-Heuss-Straße 2–4, D–53177 Bonn
www.org-online.de

»simplify your life« und »einfach organisieren«
Olivierstraße 23, A–5026 Salzburg
dsbabo@aon.at

»simplify your life« und »einfach organisieren«
Gaiserwaldstraße 14, CH–9024 St. Gallen
vnr-ch@quell.ch

Internetlinks

Simplify your work. Monatlicher Newsletter mit Ballast-weg-Tipps. Zu beziehen beim Verlag für die Deutsche Wirtschaft (s.o.) oder online unter www.smartworking.de

Seiwert-Tipp. Newsletter mit praxisrelevanten Tipps für bessere Zeiteinteilung und Selbstorganisation. Wöchentlich und kostenlos unter www.seiwert.de

Zeit zu leben. Kostenloser Online-Newsletter mit Tipps für bessere Alltagsorganisation und höhere Lebensqualität: www.zeitzuleben.de

Checkletter. Elektronischer Newsletter mit Tipps dafür, wie Sie Ballast durch clevere Organisation Ihres Alltags abwerfen. www.checklisten.com

www.simplify.de
www.coaching-briefe.de
www.weg-vom-stress.de
www.anti-stress.ch

Sachregister

Über den Autor

Dr. med. Frank R. Schwebke ist promovierter Arzt mit klinischer Weiterbildung auf den Gebieten Neurologie und Psychiatrie. Nach seiner journalistischen Ausbildung (dpa) arbeitete er unter anderem als Ressortleiter der Bertelsmann Verlagsgruppe, als Korrespondent der FAZ sowie als Chefredakteur der Zeitschrift »Gesundheit«.
Frank R. Schwebke lebt als freier Wissenschaftsjournalist und Autor der Zeitschrift »Bunte« in München.

Wichtiger Hinweis

Die Ratschläge des vorliegenden Buches wurden sorgfältig recherchiert und haben sich in der Praxis bewährt. Alle Leserinnen und Leser sind jedoch aufgefordert, selbst zu entscheiden, ob und inwieweit sie die Anregungen aus diesem Buch umsetzen wollen. Autor und Verlag übernehmen keine Haftung für die Resultate.

Bildnachweis

Bliss: S. 3, S. 4
Corbis: U1, S. 3, S. 9, S. 14, S. 27, S. 28, S. 44
Getty: S. 17, S. 20, S. 35, S. 40, S. 43
GU: U2 (J. Rickers), S. 3 (J. Rickers), S. 12 (J. Rickers), S. 19 (T. Roch), S. 30 (T. Roch), S. 32 (T. Roch), S. 36 (M. Weber), S. 39 (T. Roch), S. 44 (A. Hörnisch)
IFA: S. 6
JALAG: S. 20, S. 25
Mauritius: U4, S. 3, S. 22
Stills-Online: S. 11 gesamt

Impressum

Neuausgabe von *Weg mit dem Ballast,* GRÄFE UND UNZER VERLAG 2003, ISBN 3-7742-6043-5

Programmleitung: Ulrich Ehrlenspiel
Redaktion: Lea Hoy, Tom Straphel
Lektorat: Irmela Sommer
Bildredaktion: Henrike Schechter
Satz: Dorothee Griesbeck, Die Buchmacher, München
Layout- und Umschlaggestaltung: independent Medien-Design, Claudia Hautkappe
Herstellung: Gloria Pall
Lithos: Fotolito Longo, Bozen
Druck/Bindung: Kaufmann, Lahr

ISBN (10) 3-8338-0217-0
ISBN (13) 978-3-8338-0217-1

Auflage	4.	3.	2.	1.
Jahr	09	08	07	2006

GRÄFE UND UNZER

Ein Unternehmen der
GANSKE VERLAGSGRUPPE